应用型航海专业人才培养模式创新与实践

黎冬楼　魏爱民　谢　辉◎著

吉林出版集团股份有限公司

图书在版编目（CIP）数据

应用型航海专业人才培养模式创新与实践 / 黎冬楼，
魏爱民，谢辉著. — 长春 ： 吉林出版集团股份有限公司，
2023.10

ISBN 978-7-5731-4397-6

Ⅰ. ①应… Ⅱ. ①黎… ②魏… ③谢… Ⅲ. ①高等学
校－航海学－专业人才－人才培养－培养模式－中国
Ⅳ. ①U675

中国国家版本馆 CIP 数据核字（2023）第 191560 号

应用型航海专业人才培养模式创新与实践

YINGYONGXING HANGHAI ZHUANYE RENCAI PEIYANG MOSHI CHUANGXIN YU SHIJIAN

著　　者　黎冬楼　魏爱民　谢　辉

出版策划　崔文辉

责任编辑　刘　洋

助理编辑　邓晓溪

封面设计　文　一

出　　版　吉林出版集团股份有限公司

　　　　　（长春市福祉大路 5788 号，邮政编码：130118）

发　　行　吉林出版集团译文图书经营有限公司

　　　　　（http://shop34896900.taobao.com）

电　　话　总编办：0431-81629909　营销部：0431-81629880/81629900

印　　刷　廊坊市广阳区九洲印刷厂

开　　本　710mm×1000mm　　1/16

字　　数　250 千字

印　　张　14

版　　次　2023 年 10 月第 1 版

印　　次　2023 年 10 月第 1 次印刷

书　　号　ISBN 978-7-5731-4397-6

定　　价　78.00 元

如发现印装质量问题，影响阅读，请与印刷厂联系调换。电话 0316-2803040

前 言

目前，中国经济正处于转型升级的重要阶段，海运强国已上升为国家战略的高度。应用型院校航海类专业发展迅速，但学生普遍存在理论知识不够强、实践能力较差的问题。各高校集思广益，为提高航海技术专业的大学生参与国际航运人才市场竞争的专业能力和综合素质，针对学生普遍存在的参与案例少、动手能力和实际操作能力差的现状，改革航海专业教育教学方法，提出了培养应用型人才的专业定位。围绕这一定位，高校应全方位优化并创新航海技术专业课程内容体系结构，改进教师授课手段和教学思路与方法，并积极改革实践教学活动的过程，制定特色鲜明的航海技术专业人才培养方案和教学大纲，改变原有的课程体系设计的思路与实施方案，在常规课程体系基础上以能力为导向按照理论课程内容之间的关联进行整合、重构，开展全方位的校企合作，形成培养学生能力递进的通用能力课程模式，制订精细化的合理的教学计划，科学严谨组织教学过程，及时解决在实施过程中遇到的问题，并为学生提供更多知识学习和实践应用互通共进的成长、成才的机会，将知识传授和能力培养紧密结合在一起，创新构建多层次的海员职业生涯可持续发展的教育培训体系，目的是实现普通教育、继续教育、职业教育以及企业培训之间的有机衔接和沟通，为航海专业技术人才提供灵活弹性的终身学习阶梯，从而培养出高质量应用型航海人才。

全书共分为六个章节。第一章阐述了应用型人才培养的内涵、目标定位、理论依据。第二章探讨了应用型人才培养体系的设计与管理。第三章分析了航海专业人才要求及其教学内容，包括航海技术专业、轮船工程专业、船舶电子电气工程专业等。第四章内容主要是应用型航海专业人才培养模式与改革。第五章阐述了不同视角下应用型航海专业人才培养模式，其中包括面向智能航运的航海专业应用型人才培养、产教融合视角下的航海专业应用型人才培养、航海技术专业"3+2"分段贯通"职业应用型"人才培养以及"大工程观"理念下的航海技术应用型人才培养。

从整体结构上来看，全书从理论到实践，全面铺开论述，内容系统且有层次。具体来说，航海类技术专业属于国家战略需求与区域经济社会发展所需的紧缺人才专业，应用型大学积极探索符合当代国际航运发展和我国经济提升的教育管理方法，改革人才培养目标与路径，创新教育方法、教学模式和教学活动，是培养符合国际海运行业要求的复合型海运高级人才，推动我国的海运事业继续健康发展的重要举措。本书采用了深入浅出的方式，将与航海类专业相关的内容清晰、有条理地阐述出来，对于读者的理解大有裨益。

本书在应用型航海专业人才培养模式创新与实践方面具有重要意义。在撰写过程中，笔者参阅了许多专家、学者的相关理论著作，在此向他们表示感谢。虽然笔者力求理论清晰、观点创新，但由于学识有限，难免有疏漏之处，恳请广大读者批评指正。

作者

2023 年 6 月

目　录

第一章　应用型人才培养的基本理论

第一节　应用型人才培养的内涵阐释

应用型人才培养是以应用普遍原理和方法从事具体工作为目标，由于具体工作很多，对人才的需求量也较大，因此，这类人才培养的数量和专业比研究型人才要多得多。

一、应用型人才培养的本质：专业性应用教育

应用型大学是与社会经济发展相适应的大学类型。随着社会分工越来越专业、细致，大学发展要适应社会经济发展，由此产生了对应用型人才的需求，进而产生了以培养应用型人才为主要目标的应用型大学的创办和转型。潘懋元认为，教育的发展，最基本的就是要受生产力和科学技术发展水平的制约。到了今天，由于科学技术、生产力的更高发展，大学专业也发生变化，大学里的专业设置也是如此。例如，高、精、尖的科学技术出来了，我们必须及时设立高、精、尖的专业。

应用型人才培养必须体现专业性，专业指向行业或职业分工，直接反映和适应社会分工需求，专业是高等教育培养专门人才的基本教育单元和载体，专业建设是以培养满足社会需求的专门人才为目标导向。应用型大学的专业设置要以行业需求和职业岗位为基础，重点分析行业背景和专业发展趋势。

当前，应用型大学不仅要研究传统产业、行业应用型人才需求和专业发展趋势，还要重点研究信息技术、人工智能、大数据等领域对行业、职业岗位的需求发展趋势，重视新技术对传统产业、行业的改造和升级。在这种改造、升级甚至创新的过程中，衍生出许多新的产业、行业和职业岗位。如果不能预见这种趋势，提前预设专业和人才培养，就会导致新产业无人可用，学校培养的人才不能用的局面。因此，应用型大学必须是社会分工和专业导向的，而不是学科导向的。

二、应用型人才培养的路径：实践性教学

第一，实践性教学是培养应用型人才的根本路径。这里强调实践性教育并非否定理论教育，只是将两者结合起来，分清源与流的关系。在应用型大学人才培养过程中，理论教育始终是源，有源才有活水来，实践性教育是流，通过实践性教学达到两个目标：一是验证理论成立的条件，并得出结论；二是应用理论完成实践项目，使学生受到规范、严格的职业岗位训练，能够解决实际工作中较为复杂的工程、技术问题。实践性教学由此在应用型人才培养中占有重要地位，而应用型人才培养最为关键之处在于实践性教学的质量、水平的保障和提升，实践性教学质量决定了应用型人才培养质量。专业应用性和实践性特征决定了应用型大学的办学目标应该定位于培养具有一定理论基础，较强实践能力，能够解决较复杂工作问题，具有较强沟通能力和合作能力的高素质应用型人才。

第二，应用型大学专业建设定位要与社会经济发展相适应。教什么要适应产业、行业、岗位要求，怎么教要体现实践性特征。应用型大学专业设置要克服"新瓶装旧酒，穿新鞋走老路"的路径。有的应用型大学为了追求专业时髦，

体现需求，设置了大数据专业、工业机器人专业、人工智能专业等新兴专业，但在教学手段、实践条件、办学理念等方面依然是追求发 SCI 论文及获得国家社科、自科基金项目，教师依然沉醉于科研，忙于发论文、评职称，基本没有体现出应用型大学人才培养的本质特征与要求。在专业设置、专业建设、师资队伍、实训条件等方面要适应应用型人才培养要求，形成区别于研究型人才培养的专业特色。

第三，应用型人才培养服务面向定位于解决工程、管理一线问题的高级专业人才。这里对应用型人才培养服务面向进行了定位。应用型人才不是在实验室、研究机构从事研究工作的，他们需要具备面对工程、管理一线解决问题的能力。也就是应用型人才重点要培养"怎么做"的能力，这种能力在教室里、课堂上是培养不出来的，必须通过大量的实验、实践、实训来奠定其职业基础。

第四，应用型人才培养促进学生就业。从受教育者的视角来看，学生能够高质量稳定就业是应用型人才培养的重要目标。要实现学生高质量稳定就业目标，就要在专业设置、人才培养过程及环节、师资队伍、条件保障、开放办学等方面形成应用型大学的独特优势。只有这种过程优势体现出来，才能保障学生的高水平稳定就业。企业用人是很现实的，企业不愿意承担培养成本和培养风险，劳动者不断追求高收入工作，缺乏长期稳定发展的预期。这是当前用人环境所造成的。

从企业用人角度看，"进得来，留得住，用得上，发展好"是企业的用人标准。因此，应用型人才要适应企业所在产业、行业发展需求，特别是关注企业在产业链、价值链上的定位，以行业为依托培养企业需要的人才，才能使学生"进得来"；应用型人才培养要坚持面向一线的定位，这种思想上的认知才能使学生在企业"留得住"；应用型人才要掌握专业技术与技能，在企业才能"用得上"；

应用型人才还要有发展后劲，具备继续学习的条件，才能"发展好"。

第二节　应用型人才培养的目标定位

一、应用型人才培养目标定位的特点

应用型人才培养的目标定位是建立在高等学校定位的基础上的，按照刘献君提出的定位理论，"应用型"属于一所学校在整个高等教育系统中的定位，"人才培养目标"属于学校内部各要素在学校发展中的定位。"应用型"很清晰地反映了大学定位于"应用"而非"研究"，区分了与研究型大学的定位差异。但是，需要特别指出的是，"应用"中是有学术的，不过更重视"术"，即技术、方法的开发与应用，"学"是为"术"服务的。"研究型"大学也有学术，它更重视"学"，即原理、原始的发现与创新，"术"是为"学"服务的，表现为用一定的技术方法去开展研究工作。从这点出发，"应用型"人才培养和"研究型"人才培养在"学"与"术"上是有不同的目标内涵的。

从"学"上看，应用型人才培养更应该让受教育者认知"是什么"的问题。重点学习和掌握各种理论原理的结论、基本内涵、边界条件、应用范围等，为今后"术"的学习、应用奠定理论基础。而研究型人才培养更侧重于让受教育者认知"为什么"的问题，即重点学习和掌握各种理论、原理的逻辑内涵与关系，这种逻辑内涵与关系决定了理论、原理的结论、边际条件和应用范围，从更深刻的角度解释现象产生的内在机理和发展变化趋势。举例来说，物体间的引力是一种自然现象，对这种自然现象的解释是通过对万有引力的研究来实现的。研究型人才培养要掌握的是为什么物体间存在相互引力，这种引力的大小是如何刻画的，引力变化的影响因素有哪些，这种引力变化的内在机理是什么等；而应用型人才培养要掌握的是如何利用万有引力为人类社会服务和创新应用技术，从而实现火箭、卫星、飞船等产品的设计与使用。显然，研究引力原理的只能是少部分人，而研究引力应用的就是庞大的人才群体。显然，我们既不能"重学轻术"，也不能"有术无学"，"重学轻术"和"有术无学"都不能很好地实现人才培养目标，而这恰恰又是我国现有高等教育中容易产生的两种极端现象。有的高校人才培养片面追求"学"而忽视"术"，使培养的人才将研究成果转化为技术应用的能力薄弱，研究成果转化率低；而有的高校人才培养只专注于技术的应用，缺乏对原理性知识的学习，使培养的人才理论底子薄弱，缺乏发展后劲。

从"术"上看，应用型人才强调的是技术应用、技术创新和技术实现方法；而研究型人才强调的是研究方法创新，研究方法创新会有力地推动理论研究创新和验证。牛顿与爱因斯坦分别创立的万有引力理论和相对论是对物体运动规律理论的创新，但在当时的条件下是很难验证与实现的，后来随着技术进步，天文望远镜、核技术的突破，使万有引力理论和相对论得到验证。这充分说明研究方法和技术对理论原理研究的促进作用，正是这种技术验证的突破，推动了技术应用的突破。因此，学术本身就是相互促进的。

研究应用型人才培养目标定位，有必要在厘清"学"与"术"的关系基础上，对与人才培养密切相关的"学科专业"与"学术"间的关系做进一步说明。

从我国大学毕业生拿到的证书来看，是与西方大学存在差异的。我国的大学本科毕业生既有学位证，也有学历证。在学位证上注明的是"学科"，而毕业证上注明的是"专业"。而英美等西方国家的大学本科毕业生是没有专业之说的，他们所说的"专业"与我们所说的"专业"在内涵上是不同的。

从人才培养上看，本科生多在文理学院招生，甚至文理学院是唯一招收本科生的学院（如哈佛大学、耶鲁大学），这是与美国大学本科教育定位于通识教育而非专才教育分不开的。通识教育旨在培养学生的整体素质和思维素养，而非培养学生的应用技能。文理学院既是培养本科生的主要学院，也是培养博士生的主要学院，虽然应用学院也培养博士，但其规模和水平远不如文理学院。

从科学研究上看，文理学院的学科设置是为应用学院的人才培养奠定基础的。在美国没有文、理分科的人才培养模式，美国文理学院的基础学科是发现原理的，其没有直接应用性，但这些学科的理论知识是根本性的，没有一流的基础学科，应用学科的发展就会成为无源之水。现在我们看到，在诺贝尔奖项设置上，都是对基础学科的奖励，如物理、化学、生物（医学）、经济学、文学等，没有设置应用学科方面的奖项。因此，从人才培养和科学研究两个方面看，自然科学、人文科学、社会科学水平是衡量一所大学的学术水平和学术影响的重要指标。

从文理学院和应用学院教育哲学来看也是不同的。文理学院以认识论教育哲学来指导，其学科设置和研究内容不是为了直接应用，而是为了探索真理和增进对客观世界的认识和理解；其学科研究体现的是有没有"趣"，在文理学院的基础学科教学和研究中，好奇心是学生和教师的重要心理素质，这种研究不是把有没有"用"作为研究目标，麦克斯韦的电磁理论和赫兹的实验都没有很大的应用价值，却成就了马可尼的无线电技术。对文学的欣赏、对历史的考证、对哲学的思辨，本身就是以"有趣"作为研究目标的。而应用学院的学科设置是以政治论教育哲学来指导的。应用学院的教学与研究专注的是有没有"用"，这是衡量应用学科的重要标准，因此，应用学院专注于理论、原理、方法的应用与开发。

从以上分析中可以看出，大学的定位对人才培养目标有至关重要的影响。如果大学定位于世界一流研究型综合大学，那么人才培养目标就应该定位于培养学生的理性思考和创新思维能力，鼓励学生的学习，研究以"有趣和好奇"为终身价值取向，其职业选择也与研究相关；学校既要建设一流的文理学院，也要建设一流的应用学院，用一流的师资、一流的条件和一流的管理培养研究型人才。如果定位于应用型大学，那么人才培养目标就应该定位于培养学生的专业认同和增强职业发展后劲，着力培养学生的知识、原理、理论的应用能力。

二、我国应用型人才培养目标

人才培养目标是把人培养成什么样的人的一种期望和规定，它由教育哲学决定，体现思想观念，规定教育活动的性质和方向，贯穿教育活动的全过程。人才培养目标具有层次性，有国家的、学校的、学科的、专业的等多种培养目标，它们之间构成了一个不同层次培养目标的体系。从教育哲学看，教育是育人还是制器的争论一直存在，我国的教育哲学是以制器为导向的，从高中开始分文、理科，高考分文理科，大学分专业录取，毕业证上注明专业等充分说明，我国大学人才培养一定要符合社会需求，要满足社会主义建设的需要。这种把专业做实的好处在于，企业好用人，按相关专业招人就行；学生好就业，按相关专业就业就行；人才好培养，把专业课教好就行。由此可见，按专业培养是一个行之有效、便捷高效的人才培养模式。正是在这种专业人才培养模式下，新中国诞生后，短期内、高水平、多专业培养了一大批社会主义建设者，为我国经济社会发展，把我国从农业国建设成为富强工业国做出了突出的贡献。

（一）我国大学的人才培养目标

《高等教育法》对我国高等教育的总体培养目标做了明确规定：高等教育必须贯彻国家的教育方针，为社会主义现代化建设服务，与生产劳动相结合，使受教育者成为德、智、体等方面全面发展的社会主义事业的建设者和接班人。高等教育的任务是培养具有创新精神和实践能力的高级专门人才,发展科学技术文化,促进社会主义现代化建设。

第一,我国的高等教育一定要为社会主义现代化建设服务,这种服务面向的定位要求人才培养客观上与生产劳动相结合,解决生产实践中的问题。第二,我国的高等教育是培养高级的专门人才。"高级"是区别于初级、中级的,要求高等教育在整个教育体系中的定位具有高深性;"专门人才"要求学科专业分类中,专业及知识与能力的专业性。从这些属性来看,我国大学对应用型人才的培养是十分重视的。

《高等教育法》对不同层次人才培养目标的规定为各层次人才培养指明了方向,是不同层次人才培养都应该遵循的基本要求。但是,也应该看到,这些学业标准中,更多是从培养学生成才的角度来制定标准,缺乏培养学生成人的标准。不可否认的是,学生成才是高等教育首先要追求的目标,因此,把学生掌握基本理论、基本方法和基本知识放在突出的位置。与此同时,也不应放松对学生的成人教育,要求培养学生具有合格的公民素质。高等教育还要培养学生与人沟通交流等社交活动的能力,培养学生的团队意识、合作能力。如今的大学生整体在人际交往、沟通、合作等能力上明显存在不足,还不能很好地适应工作岗位要求,这也是我国高等教育需要重视和改进的地方。

(二)学校应用型人才培养目标

应用型大学以培养应用型人才为主要目标,在应用型大学中又包括本科院校和高职院校,两类院校的人才培养目标也是不同的。本科学院面向产业、行业培养通用技术和能力,而高职院校面向岗位培养专门技术和能力。也可以说本科应用型人才在相应产业和行业中,职业适应面宽,但做得不够专精;高职人才适应面窄，但在岗位中能做到专精。这种"通"与"专"的人才培养目标定位差异是两类应用型大学的差异，不同的人才培养目标定位对能力要求是不一样的，对培养的课程结构、要求也不同。

（三）应用型专业人才培养目标

在我国高等教育体制下，专业是人才培养最根本的载体和依托，它一手联结科学研究，一手联结人才培养，国家、学校的人才培养目标要通过专业培养过程来实现。在我国，专业对人才培养目标的实现具有决定性作用，是学校人才培养目标在专业层面的落实。同时，专业人才培养目标要体现国家、学校层面的人才培养目标定位。对应用型人才来说，专业人才培养目标要充分体现以下特点：

第一，专业人才培养目标。应用型人才专业培养目标首先要明确为谁培养人才，培养的人才面向产业、行业、企事业单位及岗位，为其培养"懂原理，能应用，会操作"的应用型人才。专业设置要适应社会需求，传统专业要改造升级，使之适应现在社会发展需要。例如，汉语言文学专业是一个传统专业，如果要办成适应需求的应用型专业，就要充分挖掘汉语言文学专业与产业、行业、企业的需求点，将信息技术与汉语言文学专业相嫁接，通过信息技术、人工智能技术和大数据技术改造传统汉语言文学专业，将两者结合起来，提升专业的应用性，使两个学科深度融合，产生化学反应。

第二，专业人才培养要求。应用型专业人才培养要求与研究型人才培养要求是有差异的。应用型专业人才培养在知识、能力、素质三个基本要素中要分别确定每一个要素的基本要求。这三个要素的关系为：知识是基础，影响能力和素质；能力是知识的外在表现，素质是知识内化的结果。应用型专业人才培养实际上就是通过一系列的课程组合将知识传授给学生，学生通过知识学习生成自身的能力结构和内在素质。因此，专业要对学生三个基本要素的培养提出具体要求：知识要学哪些；学到什么程度；要对接学生哪几个方面的能力；这些能力与课程之间的对应关系如何；学生通过学习与训练，要形成哪些素质。所有这些问题都要与应用型专业人才培养相符合，与职业发展、岗位需求相符合。需要特别指出的是，有的学校把专业能力与专业技能混为一谈，技能与能力相关，但也有很大区别。能力是学生经过学习、实践而内化的产物，是一种嵌入学生个体内的个性心理特征。能力具有抽象性，并通过具体的技能表现出来；技能是具体的，学生掌握的全部技能综合表现为学生的综合能力。例如，学生学习英语、汉语、演讲与口才、论文写作、应用文写作等课程，掌握了双语表达技能、写作技能，这些技能掌握水平的高低，直接反映出学生的表达沟通能力的高低。因此，应用型专业人才培养要求将知识、技能、能力、素质、课程对应起来，使培养应用型专业人才更有针对性。

第三，专业人才培养路径。应用型专业人才培养路径与研究型人才培养路径存在差异。就应用型专业人才而言，其对知识、能力、素质的要求与侧重不同，应用型专业人才培养路径要遵循学习—实践—再学习—再实践的培养路径。其中最重要的是实践教学环节，应用型专业人才培养质量的高低也体现在实践教学环节上。

当前，我国高校最薄弱的教学环节就是实践教学环节，其在教师配置、课程设置、条件保障、项目资源、评价考核等方面都不如理论课程成熟。第一，教师本身大多是从研究型大学到应用型大学任教，其自身的实践能力严重不足，任教后较多从事研究工作，较少从事实践工作，指导学生实践自然力不从心。第二，课程设置不科学，独立设置的创新实践类课程太少，课内验证性实践较多，不能培养学生的实践创新能力。在理论课程上，学生自主学习探索的实践项目几乎没有，束缚了学生应用能力的生成。第三，条件保障不到位，实践教学在教学内容、教学条件、教学方法、教学材料等方面与理论教学有很大不同，需要学校强大的后勤保障能力。学生到企业、外地实践，学校要提供交通、住宿、保险、安全、组织、协调等多种工作，需要投入大量人力、物力和财力，而理论教学相对来说要简单很多，也更容易组织管理。第四，实践项目资源缺乏，企业不愿意接纳学生实习，真正来自企业的实践项目很少，给实践教学质量带来很大挑战。第五，学生自身也不愿意参加实习实践，学生的劳动意识淡薄，不愿到一线从事具体的实践工作，从而影响学生的学业和今后的职业发展。

因此，应用型人才培养要牢牢守住实践育人的底线，将实践育人放在首要位置，给予实践育人特殊的政策，激励教师和一切教学要素向实践育人倾斜和投入，才能切实提高应用型人才培养质量，体现应用型人才培养特色。同时，提高学科专业建设能力，通过学科专业建设，突出应用型人才培养目标定位，不断满足社会需求。应用型高校并不是不需要学科建设，而是要把应用型学科建设做得更好，以学科建设促进专业建设。学科为专业提供知识传承，对专业建设形成支撑，而专业为学科建设提供人才培养，满足社会需求。因此，应用型高校要在应用型学科建设上加大投入，才能使专业建设具有竞争力和适应性。

第三节　应用型人才培养的理论依据

一、社会实践理论对应用型人才培养的启示

布迪厄社会实践理论是在马克思实践哲学和葛兰西等的实践理论上产生和发展起来的。

实践作为人类的存在方式，自从有了人类就有实践活动。正是有了实践，人类才能从恐惧自然，到适应自然，再到改造、利用自然，这个发展过程就是人类不断实践的过程。历史上著名的哲学家，从苏格拉底到亚里士多德，从康德、黑格尔、费尔巴哈到马克思，对实践范畴的研究，造就了他们在哲学发展史中的地位。因此，实践是哲学领域和人才培养领域关注的重要内容。

研究与分析布迪厄的社会实践理论，关键是体现对实践育人的指导与启示作用。布迪厄的社会实践理论包括惯习、场域及资本三个重要概念及其相互关系。惯习、场域及资本对实践育人都具有重要的指导意义。

（一）通过实践塑造学生独特的惯习结构

首先，布迪厄的实践理论认为，惯习是个体从幼年时积累起来的各种经验，是个体过去实践活动的结构性产物，是人们看待世界的方法。学习的目的是掌握知识、学会技能、提高能力，就是要通过实践积累来获得经验。能力不是抽象的存在，而是具体的存在，它需要在实践中获得和掌握。学习理论知识和实践知识，一是学习间接经验，二是获得直接经验，两者都需要实践。理论知识既要通过实践掌握，又要通过实践验证。在理论学习中，要通过反复的演算推导和证明来掌握理论概念、原理、逻辑体系和技术方法，这既是学习的过程，也是实践的过程。人们常说的"听一遍不如做一遍，做一遍不如讲一遍"，就体现了实践在学习中的重要性。布迪厄的惯习理论认为，长期积累的经验构成了惯习的核心，它产生于实践，因此，通过实践来掌握、创新理论是基本的学习方法与创新路径。

其次，学习要做有心人，有目的地积累经验，塑造惯习。凡事预则立，不预则废，有目的地做一件事与无目的地做一件事的效果是大不相同的。为什么要学习理论？不是为了学习理论而学习理论，学习理论的目的是指导实践。在这一目标的引导下，应用型人才培养的教师的教学要围绕理论应用于实践展开，不能为了讲理论而讲理论，要通过理论传授让学生掌握实践的应用。长期坚持，使学生在学习理论的同时养成积累经验的态度，最终形成自己的独特惯习结构。

最后，养成惯习有利于发掘学生潜能。惯习是布迪厄提出的场域惯习理论中的一个重要概念。布迪厄作为实践社会学理论的创始者，他认为个体作为一个社会人，其实践行为的发生受主观和客观两方面因素的共同影响，在主观方面影响人的实践行为的就是惯习。布迪厄认为，惯习是一种主观性情倾向，它来自个人长期的实践活动，一旦经过一定时期的积累，经验就会内化为人们的潜意识，转化成人的社会行为、行为策略的内生机制。布迪厄认为惯习是"持久的可转移的禀性系统"，而禀性是一种以特定及稳定的方式对事物进行思考和行动的倾向，这种禀性也可以认为是个体潜能，包括个体的性格、认知、情感倾向和认知策略。对个体来说，潜能可以在一定条件下转化为行动策略，对教育空间产生作用和影响。个体的"潜能"与学生的个性化发展紧密相关，影响认知与行动策略的选择，也应成为个性化教育空间的重要构成要素。

教育环境的作用越来越受到教育者的重视。教育环境通常是指确保学校教学活动顺利进行的诸条件的综合，从空间范围来讲，既包括社会层面的教育环境，也包括学校层面的教育环境。对教育成效之所以产生影响，关键在于教育环境的渗透作用。教育环境渗透，作为一种现象在教育中是普遍存在的，它往往通过一切时机、手段、方式、渠道和载体等体现出来。环境的渗透机理是"人们通过环境中信息的交换和交往中行为的交互作用，导致相互之间心理和行为的改变"。个性化教育环境主要指的是学校教育环境，要充分发挥个性化教育环境对学生培养的渗透作用，通过教育环境渗透来激发学生的个性潜能，从而达到塑造学生惯习策略的目标。

（二）构建实践育人的场域环境

布迪厄所谓的"场域"是一个充满关系的社会空间，教育领域也是一个社会空间，在教育领域中有学术场域、课程场域等。在应用型人才培养过程中，与学生相关性最大的是课程，课程质量、课程设置、课程体系、课程评价、课程内容、课程教学方法等决定了应用型人才培养的质量和效果。因此，应用型人才培养课程是关键。这是由课程在教育中的地位所决定的。教育是通过课程来达到人才培养目标，学生在学校主要是通过课程的学习获得知识与技能，没有高质量的课程也就没有高质量的教育。提高人才培养质量的关键是提高课程质量，为学生创设个性化发展空间的关键是增强课程体系的柔性，学生通过对课程的选择，来实现个性化的发展。

课程本质上体现了师生关系、学校与企业的关系、学校与利益相关方的关系等社会关系。这就要求应用型学校的课程设置应符合应用型人才培养的学生发展、企业、社会及利益相关方的需求。课程设计是通过对教育目标的规定、教育内容的安排和教学形式的组织，激发学生的潜能、促进学生的发展，它包括课程目标的确定和课程内容的选择和组织。课程设计既要实现学校教育的培养目标，也要建构课程体系和合理安排理论、实践课程等组成部分。

要实现课程对高等教育场域空间的生产和再生产，就需要围绕课程体系设计、课程内容选择和教学方法创新三个方面进行。

首先，对课程体系进行优化，通过课程体系的再设计，体现理论教学、实践教学和创新创业教育的融合，体现通识教育和个性化教育的融合，体现对国家、地方和校本等课程进行统筹安排与协调，使不同层次、不同类别的课程形成一个有机整体。在具体实践中，可以通过课程模块的设计增加课程体系的柔性，防止课程体系的碎片化倾向；通过课程置换，满足学生个性化需求，使学生在达到人才培养目标基本要求的情况下，增加学生选择的灵活性和个性化；通过校本课程与企业课程的结合使人才培养满足社会需求。

其次，在课程内容选择上，既要传授基础理论知识，又要强化实践应用内容。在基础理论知识传授上引入最新的理论研究成果和知识获得方法，在实践应用上引进最新的技术创新成果，使学生既掌握基础理论知识，又掌握实践应用。

最后，在教学方法上引入研讨式、项目式、案例式及信息技术等教学方法，提高教学的有效性。在大数据时代，大数据在教学领域的应用可以较好地提高教学效果和质量。信息技术、大数据技术，甚至人工智能（AI）技术广泛用于应用型人才培养。可以预期，未来人工智能技术在实践场景应用的独特优势将彻底改变现有的人才培养模式，为应用型人才培养创造广阔的空间。

（三）增加学生的社会资本

正是由于场域的社会关系性，在特定场域内的个体就构成了具有结构性特征的社会关系，这种社会关系又为个体提供了社会资本。布迪厄把资本划分为经济资本、文化资本和社会资本三大形态，他更关注文化资本和社会资本。他认为，文化资本和社会资本正在变成越来越重要的社会分层的基础。社会阶层的固化不仅仅是经济资本的固化，更表现为文化资本的固化，而文化资本的固化更不容易被打破。文化资本中的身体化的文化资本更无法通过经济手段"购置"，只能通过个体的长期实践活动积累内化，这种内化的过程十分漫长，而且必须由个体亲自体验和实践，其具有个体性、无意识性、独特性和符号性的特点。而文化资本和社会资本更多来自实践而较少来自理论课堂和实验室。

应用型人才培养就是要培养学生的实践能力，在培养实践能力的过程中培养学生的交际能力、沟通能力等。研究型人才主要培养做事能力，应用型人才既要培养做事能力，更要培养做人能力。在工程、管理实践中，绝没有一件事是凭一己之力可以完成的，都需要团队甚至是跨团队的协作才能完成，在这中间还需要有筹措、整合、利用资源的能力。如果说研究型人才的培养是培养高精尖专才的话，那么应用型人才的培养是培养通才，实际上是对人才培养提出了更高、更新、更广的要求。应用型人才要在社会、工程、管理等实践中积累文化资本和社会资本。

布迪厄的社会实践理论从社会关系研究出发，提出了惯习、场域及资本三个概念，论述了三者关系，通过社会实践理论，对应用型人才培养具有指导意义。

二、学习理论及其对应用型人才培养的启示

做好应用型人才培养工作，就要研究应用型学生的学习特点和心理特点，围绕学生特点来开展教学与实践活动，科学设置教学课程体系、知识体系、技术技能体系和学生评价体系，通过一系列活动帮助和促进学生学习动机的形成、学习兴趣的培养和学习效果的提升。

学习心理是教育心理学研究的基本内容之一，教育心理学研究中的学习研究，其内涵远远超过了通常所指的知识、技能、文化的范畴。在教育心理学研究中，对学习有不同的定位，最为研究者所接受的定义：学习是个体在特定情境下由于练习或反复经验而产生的行为或行为潜能的比较持久的变化（鲍尔和希尔加德，1981）。当前被广泛接受的定义为：学习是由经验所引起的行为或思维的比较持久的变化。从学习的定义中可以看出，第一，学习的发生是由经验所引起的。这里的经验不是指个体简单接受外部刺激或获得外部信息，而是个体与其所处情境之间双向交互作用的过程，更准确地说是个体"反复的经历"。而外部信息要对个体产生作用和影响，需要个体以现有的知识、技能和态度为基础来理解和把握

外部信息；同时，新的信息进入又使现有的经验结构得以丰富和优化。第二，由学习而引起的个体行为变化可能立即发生，也可能需要长期积累才能发生。无论是长期还是短期发生，由学习引起的行为变化是比较持久的。第三，不能简单把行为变化归因于学习的存在。个体的本能、疲劳、创伤、成熟等也会引起行为变化，学习引起的行为变化是比较持久的，并引起行为水平的提高，而疲劳、创伤、药物等引起的行为变化比较短暂，并使得行为水平降低。第四，学习不仅仅指有组织的知识、技能等的学习，也包括态度、行为准则等的学习；既有学校中的学习，又有生活中的学习。

因此，学习是个体以自己现有的知识、技能、态度等为基础，通过与客体信息进行交互作用形成并改变自己的知识、技能、态度的过程。

一些著名的学者从不同角度对学习进行了分类。加涅根据学习繁简水平的不同提出了连锁学习、辨别学习、具体概念学习、定义概念学习、规则学习和解决问题的学习等六类学习；又根据学习结果不同将学习分为五类，即言语信息、智慧技能、认知策略、态度和运动技能的学习。奥苏贝尔根据学习的性质与形式，将学习分为接受的学习、发现的学习、机械的学习和有意义的学习四类。

根据学习的意识水平，还可以将学习分为内隐学习和外显学习。内隐学习是指个体在与环境接触的过程中不知不觉地获得了一些经验，并因此改变其事后行为的学习。而外显学习则是有意识地去解决问题、做出努力并按照规则做出反应的学习。直觉就是长期内隐学习的成果。在学习复杂任务时，个体常常以内隐的直觉方式进行，因此，教育要适当引入内隐学习机制。

社会实践理论是站在外部环境的角度来审视教育的策略与办法，学习理论是站在学生学习的角度来审视教育的策略与办法，两者各有侧重，相辅相成，共同实现对人的教育与培养。

（一）学习理论为应用型人才培养树立目标

行为主义创立的刺激—反应理论认为，个体的学习实质上就是通过建立条件作用，形成刺激与反应之间联结的过程，从而形成习惯。应用型人才培养要求学生在学习理论知识之后，能应用理论知识解决实践中的具体问题，形成创新能力，提高综合素养。在这个过程中，理论的学习相当于是条件建立的过程，没有"理论"这个条件刺激，也就不可能产生后面的"应用"这个反应。这就要求应用型人才培养在建立培养目标时将理论学习与实践应用相结合，通过理论学习指导实践，通过实践来验证和发展理论，形成创新，这就形成了应用型人才培养目标的合理定位。在应用型人才培养目标定位中既不能只重视理论的深度与广度的学习，也不能单方面强调应用而忽视理论的学习，或者将理论与实践分割开来、对立起来，而要将理论与实践融合起来。

在应用型人才培养实践中，往往形成理论与实践两张皮的现象，出现理论与实践的课程、课时的矛盾与冲突，似乎理论与实践是此消彼长的对立关系，一谈到既要加强理论又要加强实践，就提出要多设课程、多加课时。理论课与实践课都是育人的手段与方法，要提高教学效果就要树立"以学生为中心"的教育教学理念，将理论知识与实践知识建构在学生原有经验与知识的基础上，使之"生长"出新的理论与实践知识和经验。特别是实践课程，很好地满足了建构主义学习理论提出的"知识是在主客体相互作用的活动中建构起来的"观点。实践课程、实践教学是应用型人才培养的重要环节和载体，在实践中学习，使知识在应用中实现主客体的相互作用，从而建构起学习者新的知识和经验。

从人才培养目标上看，学习理论为确立正确的应用型人才培养目标提供了指导。第一，行为主义学习理论认为，在人才培养上要养成学生的"刺激—反应"习惯，并且这种习惯是需要长期训练与积累的。因此，在应用型人才培养中要把养成良好的习惯作为培养目标之一，以利于其今后的职业发展。第二，认知学习理论认为，良好的知识结构有利于学生的成长与发展，而每个人的知识结构是不一样的，需要自己主动在实践中建构。因此，应用型人才培养要把建立知识体系和结构作为培养目标和内容。第三，建构主义学习理论以学生为中心，教育应帮助学生主动建构自己的知识体系。建构主义学习不单单是学习者个人完成的认知活动，更是一个社会建构的过程，学习是通过参与活动而实现的文化的内化。以学习者为中心，以主动探究知识为特征。在设立应用型人才培养目标时要将学生获得实践应用能力和探究知识作为内容。

教学不只是教学生知识、技能，更要培养学生驾驭知识、技能的能力，启发智慧。也就是说，应用型人才的培养方案应通过对学生的知识和技能教学，培养学生的理论、实践及创新能力。

（二）学习理论为应用型人才培养提供理论依据

应用型人才培养需要重视学生的实践能力和操作技能的培养，注重实践学习与学习情境的紧密结合，重视学生创新能力的培养。运用"以学生为中心，突出应用能力"的建构主义教学理念，采用支架式、基于问题、情境教学、认知学徒式的教学，由提出问题到学生自己通过思考、查阅资料、讨论找出答案，突出学生的主体地位，通过各种各样的教学活动，激发学生学习兴趣，调动学习者的积极性。

《国家中长期教育改革和发展规划纲要（2010—2020 年）》明确要求教育工作要以学生为主体，以教师为主导，充分发挥学生的主动性，同时把促进学生成长成才作为学校一切工作的出发点和落脚点。学习理论把教学工作由经验向科学推进，正是在学习理论的指导下，人才培养的教学工作才具有科学性、预见性，具体的教学组织工作才具有可行性。学习理论从学习心理、教学心理、教学设计、课堂管理等多个方面为具体的教学实践提供了指导与借鉴。从学习心理活动过程看，站在学习者心理角度来开展教学工作是建构主义学习理论的基本要求。

在应用型人才培养过程中，尤其要关注学生的学习心理、学习策略，也要关注教师的教学心理、教学策略。把教与学结合起来才能达到良好的教学效果，仅偏重于教或仅偏重于学都不能体现教学的完整内涵。

1. 知识的学习

学习理论认为，知识的学习是复杂的过程，经历积累、调整和重构三种方式。知识的获得与知识的应用不是绝对依次进行，知识往往是在应用的过程中获得、理解和深化融合的。在知识的学习中，一个重要内涵是对概念的学习与理解。概念是代表一类有共同特征的事物或观念的符号，概念有内涵与外延的区别，概念的获得本质上就是要理解一类事物共同的关键属性，使符号代表一类事物而不是特殊事物。赫尔提出联想理论，根据强化反应的学习理论来解释概念的形成机制。他认为，同类事物的关键特征可以由学习者从大量同类事物的不同例证中独立发现，通过强化，使学习者正确的反应与适当的刺激联结起来，进而形成学习者的概念。布鲁纳提出假设理论，他认为，在概念形成过程中，学生并非被动等待各种刺激的出现以形成联想，而是积极主动地去探究这一概念。认知心理学家罗斯提出范例理论，该理论对实际的概念教学具有较强的指导意义。

知识学习中一个重要目标就是要实现学习的迁移。由于学习是一个连续的过程，任何学习都是在学习者已经具有的知识经验和认知结构的基础上进行的，学习迁移就是"一种学习对另一种学习的影响"。在一般课堂教学中，教学内容的学习并不是孤立存在的，先前学习是后继学习的前提与准备。布鲁纳认为，迁移可以被看作学习者把习得的认知结构用于新的学习。奥苏贝尔认为，一切有意义的学习必然包括迁移。在教学活动中帮助学生建立知识结构和认知体系时，应给学生呈现最大量的实例和知识的应用场景，以使学生了解课堂中习得的知识是如何应用的。建构主义认为，学习迁移实质上就是在新情境中对知识的应用。正是认识到迁移的重要性和普遍性，人们在教学中提出了"为迁移而教"的理念。影响迁移的因素很多，既有学生的个体因素，如智力、年龄、态度等，又有一些客观因素，如学习内容、教师的教学方法、学习情境等，所以"为迁移而教"并不是一种显性的单一课程，它是教师在充分理解迁移的发生规律及其影响因素的条件下，在教学活动中与学生互动的结果。

2. 技能的学习

应用型人才培养离不开技能的学习与掌握，学生技能的形成同样是应用型高校教育、教学工作的一个重要任务。技能是一种动作，是指经过练习而获得的合乎规则的认知活动或身体活动的动作方式。技能按其性质可分为动作技能和心智技能。

动作技能是由外部动作以合理的程序组成的操作活动方式，它在学生学习活动中具有重要作用，它不仅是学生学习的重要内容，也是学生完成学习任务的重要条件。心智技能是借助内部语言在人脑中进行的认知活动方式。熟练的心智技能是人们有效完成各种智力任务的重要条件。技能的学习与掌握对学习者来说具有重要的意义。第一，技能掌握是完成学习活动、提高学习效率与效果的必要条件，也是学校教学的重要目标之一；第二，技能的形成有助于相关知识的掌握；第三，技能的形成有利于智力、能力的发展。学生掌握了某种技能，就能熟练地完成相关的活动任务，智力与能力的发展是以有关技能的形成为前提的。

在应用型人才培养目标中要形成一系列的能力，其前提是学生要熟练掌握一系列的技能。能力不是抽象的而是具体的，它以技能为前提并通过技能反映出来。应用型人才培养中形成学生的能力的过程就是学生动作技能与心智技能的形成过程，需要通过大量的练习才能掌握并熟练应用。因此，在应用型人才培养中要善于科学应用学习理论，引导学生积极建构学习内容和技能体系，形成学生的核心素养。

（三）学习理论为应用型人才培养提供方法论

应用型人才培养不仅需要理论的指导，而且需要具体方法的探索与实践，刺激反应理论、认知结构理论、建构学习理论等都为应用型人才培养提供了方法论的指导。

刺激反应理论认为，可以通过反复刺激并强化正向刺激，使学习者掌握知识、技能并提高能力水平。因此，在应用型人才培养过程中，通过实践形成对学习者的刺激并对正确的结果给予及时的奖励，可以提高学习者掌握实践技能的能力和水平。应用型人才的培养目标定位就是要提高学生的操作能力、解决问题的能力、沟通与交流能力等。而这些能力的形成需要反复训练和演练，通过训练和演练这种强化刺激达到学生正确反应的效果，实现在实践中学习，在实践中纠错，在实践中提高。桑代克学习三原则中就有练习律，说明学习者更多的练习会使得刺激反应联结更加紧密和增强。行为主义学习理论广泛应用于教学实践，桑代克对教师的建议是"集中并练习那些应结合的联结，并奖励想要的联结"。刺激—反应理论广泛应用于教学和人才培养实践，很多学者根据该理论进行了大量的实践探索与研究。例如，将斯金纳的强化理论着眼于效果律，揭示机体从其行为后果中进行学习的规律。斯金纳认为，成功的教学训练的关键就是分析强化的效果，以及设计精密的操纵过程的技术，也就是建立特定的强化。在外语教学中充分利用信息化手段与工具对学生进行课内外的视听训练的实例，充分说明教师要把握好学生的兴趣活动，恰当地运用出现频率较高或喜爱程度较高的行为，坚持训练就能完成预定的学习任务。普雷马克原理也说明了这种强化的作用。普雷马克原理认为，高频活动作为低频活动的强化物，或者是用学习者喜爱的活动去强化学习者不喜爱的活动。在应用型人才培养中，学生往往喜欢参加实验、实训或实践活动，但是对理论的学习兴趣水平较低，这就需要教师针对不同的课程提供不同的强化物。通过实践课程、项目去强化学生的理论学习过程，形成"实践—理论—再实践"的人才培养模式。用实践去引导和强化理论学习，用再实践去验证理论。

从行为主义学习理念到认知主义学习理论再到建构主义学习理论的发展，充分体现了对学习内涵的理解不断加深，对学习路径的探索领域不断创新与发展。学习理论的发展和创新对应用型人才培养，无论从培养目标建立、培养模式创新还是培养路径选择上都提供了强大的理论指导。对应用型人才培养的课程设置、教学设计、教学方法等方面同样提供了重要的理论与实践基础，也是以应用型人才培养作为目标定位的高校做好人才培养工作的重要理论基础和实践指南。

第二章　应用型人才培养体系的设计与管理

第一节　应用型人才培养的总体设计

一、应用型人才培养的总体设计原则

第一，本科原则。本书只讨论本科阶段的应用型人才培养，没有涉及研究生阶段和专科、职业教育的人才培养，因此，在进行总体设计和子体系设计时只针对本科学生的教学环节、过程进行设计。

第二，评估原则。应用型人才体系设计要符合三级质量标准认证，即基本质量标准认证、国家质量标准认证和国际质量标准认证评估要求。高等学校按照国家要求必须参加三级专业认证评估，构建与评估认证相适应的质量标准体系，这也是设计高等学校质量保障体系的基本要求。

二、应用型人才培养的总体设计思路

第一，体现"以学生为中心"。在应用型人才培养体系设计过程中，坚持"以学生为中心"的个性化人才培养要求。根据建构主义学习理论，以学生为中心的教学方法，目的是帮助学生进一步深化知识观念。为改变已有观念，学生需要自己建构他们的知识结构，为此学生必须积极参与课堂教学。我们习惯使用的传授

范式的教学也称为"三中心",即"以教材为中心,教师为中心,教室为中心"模式。这种教学模式历史悠久,影响力大,但并不唯一。"以学生为中心"即以学生发展为中心,以学生学习为中心,以学习效果为中心,以学生为中心的教学体系设计要以实现学生的发展为目标,通过课程结构和教学组织促进学习效果的提升。

第二,遵循 OBE(成果导向教育、能力导向教育、目标导向教育或需求导向教育)理念。坚持和体现学习结果导向的 OBE 理论进行人才培养体系设计是落实"以学生为中心"的重要体现。学生到高等学校学习是通过课程学习来认识学习目标和完成学习任务,应构建基于结果导向的人才培养体系,依据学生成长与发展导向,根据利益相关者需求反向重构课程体系并确定教学内容。

三、应用型人才培养的能力导向培养

在进行应用型人才培养体系设计过程中,应始终关注学生能力的培养,以能力培养为主线,贯穿人才培养全过程,组合人才培养各要素,形成相互支撑和联系的体系框架。

应用型人才能力培养,既要关注一般的能力(如学习能力、发展能力、智力能力等),也要关注某一方面具体的能力(如沟通能力、职业能力、创业能力等)。根据 OBE 结果目标导向理念,通过"反向设计、正向实施",以学生能力培养为目标,通过应用型人才培养定位形成人才培养目标,毕业要求支撑培养目标实现,课程体系支撑毕业要求实现。能力是促使个体在工作中有卓越表现的个人特质,其包含可见的能力,如知识和技能,也包含潜隐的能力,如个人特质和动机等。能力的培养贯穿个体发展始终,从出生开始,个体就在通过各种学习活动来塑造自身的能力。由于大学的有限性,在人才培养过程中通过三种能力模型来确定能力结构维度：①胜任力模型，这一模型在人力资源管理领域应用广泛；②专业能力模型，是在标准、资格能力层面建立通用能力模型，不同国家的劳动部门、企业等关注这一模型的应用；③评价学生学习结果的能力模型。

对高等学校而言，培养的大学生作为"发展中的人"，是进入职业领域的"预备军"，因此，不能只关注某一领域或情境（职业岗位），以资格、胜任力或学习结果进行衡量。由于大学生职业发展具有更多的可能性。大学生能力培养既需要"超越"某一领域，又需要"在"某一领域。"超越"某一领域是指培养大学生的通用能力，"在"某一领域是指培养大学生的专业能力。这两种能力的培养是相互促进的，通过专业能力的培养促进通用能力的形成；反过来，通过通用能力的形成更好地培养专业能力。

高等学校人才培养需要根据学生发展、社会需求、经济发展情况等因素对学生能力要求进行分析，通过能力模型构建学生能力维度。同时，应认识大学生能力模型即使有共同的元素或维度，但其内容因时空不同而呈现差异。每个地区、学校、专业都可建立自己的能力模型。这是一个共性与个性相结合的、动态的、不断发展的过程。高等学校要清醒地认识到，建立能力模型要体现和反映社会需求，指导学生发展成长。能力模型建立的目的，作为支持质量持续改进的工具，为人才培养提供依据和遵循。通过建立能力模型，帮助学生在大学中获得成功，为职业发展和个性发展奠定基础。

从个体发展的角度来看，人的基本能力主要包括三个方面：个体理性能力、运用工具能力、适应环境能力。个体理性能力主要反映"认识自己"的能力，体现的个体尊崇道德及追求真、善、美价值观等理性追求的意愿，是人的最根本特质。运用工具能力是一项既古老又现代的能力，人类活动的基本特征就是有意识、有目标地发明并运用工具，其中语言工具是最具代表性的工具，这是其他动物所没有的。通过语言的沟通与交流，通过文字的保存与传播，人类文明得以继承和发展。因此，运用工具能力是人的基本能力之一。适应环境能力在此特指适应社会环境变化的能力，包括人类社会和科技发展带来的职业环境的变化、政治环境的变化和人文环境的变化，需要个体掌握更复杂、多元的能力，示意性地按专业能力与通识能力进行划分，要求在培养过程中充分体现两种能力的培养要求，通过课程设计和教学内容设计达成两种能力的培养。在实际工作过程中，各高校要对办学理念、学校定位、发展历史、所在区位和战略目标等进行综合研究与分析，形成学校人才培养的学生能力结构维度，并以能力结构的形成为目标导向，来逆向构建整个人才培养体系。

在整个人才培养体系中，三个子体系至关重要，涵盖了学校建设的方方面面，即课程体系、教学保障体系和质量保障体系。这三个子体系既相互独立，又相互支撑。课程体系包括课程类型、课程结构、课程关系、课程安排、课程标准、课程评价等内容。教学保障体系包括队伍建设、学科专业建设、资源条件建设、制度文化建设和平台基地建设等内容。质量保障体系包括质量文化、教学运行机制、教学质量标准、质量信息平台、质量监控机制等内容。

人才培养体系的建设与设计，要坚持顶层设计与各部分设计、各层级设计相结合，通过顶层设计指导各部分设计、各层级设计，通过各部分设计、各层级设计支撑顶层设计目标的实现。

第二节 应用型人才培养方案的设计

高等学校的人才培养工作主要是通过课程来实现的，学生在学校是通过学习课程来完成学习任务、达到培养目标的。因此，课程体系与课程设计是高等学校人才培养工作中最根本、最重要的基础性工作,高等学校的一切工作是围绕和服务于课程建设工作来开展的。课程体系建设和人才培养工作落实最显著的标志是高等学校的人才培养方案设计、制定与实施。

一、应用型人才培养方案的制定

人才培养方案是专业人才培养的核心文件,也是较重要的教学文件,明确规定了专业人才培养的学制、年限、目标、规格,并对专业学习涉及的工作岗位、工作任务和职业能力进行了详细分析。要求对专业课程体系从基本素质、专业通用能力、专业核心能力、专业拓展能力和综合训练等课程进行描述。要求对专业教学过程制订详细实施计划。在制定专业人才培养方案、实施教育教学过程中,要从人才需求、教学理念、培养定位、培养目标、课程体系等方面全面审视人才培养课程体系建构的过程。

第一,调研专业人才培养现状及需求发展趋势。应用型高校要以人才需求趋势为依据来设计人才培养方案。这种趋势包括专业人才培养的数量趋势、结构趋势、专业技术发展趋势、特色趋势等。在调研过程中要充分听取行业、企业专家意见,听取学科专家意见、毕业生意见、用人单位意见等,有条件的专业可以借助第三方机构进行调研与评估,形成专题调研报告,指导人才培养方案的制定工作。

第二,确定毕业要求。根据培养目标的要求,将毕业要求具体化,使之成为培养目标的支撑。毕业要求要体现大学教育是为了让学生能够在未来解决实际问题,发挥毕业要求引导课程教学目标的作用。

第三,构建课程体系。课程体系是整个人才培养方案的最终表现形式,学校的理念、定位、培养目标、毕业要求、特色等都需要通过课程体系的设计来落实和呈现，因此，课程体系设计是整个培养方案制定的核心内容。

从本科教育的定位来看，本科教育应该使学生具有一定深度的理论基础。这里所表述的"一定深度"有两个方面的含义：一方面，本科毕业生需要有理论基础；另一方面，这个理论基础的程度是不同的。对"双一流"大学而言，这个"一定深度"可以理解为"深厚的"理论基础；对省属重点大学而言，可以理解为"较为宽厚的"理论基础；对一般省属新建本科而言，可以理解为"适度够用"的理论基础；对定位于应用型人才培养的高校而言，理论基础至少应"适度够用"。

应用型高校还需要体现"应用"特色。所谓"应用"，就是要体现理论与实践相结合，基于理论指导开展实践工作，要体现理论指导下的、高水平的"动手"实践。本科层次的"应用"，不能仅体现为重复、机械、单一、成熟技术的应用，更要体现出创造、综合、复杂的技术开发与应用，这种应用才是与理论相结合的应用。

应用型人才培养的覆盖面比较大，从"双一流"高校到新建本科高校都可以培养应用型人才。但是，不同高校的生源、师资、资源、历史、体制等条件不一样，部分差别还很大。因此，各高校应充分分析和准确把握战略发展方向，确定应用型人才培养特色方向和发展定位，只有这样才能制定出适切的人才培养课程体系。

在质量管理机制中，重点建设内部质量监控机制和毕业生跟踪反馈与社会评价机制。内部质量监控机制要保障课程体系的科学性、合理性，以及理论与实践课程的相互衔接；要监控教学过程质量，通过同行评教、督导评教、学生评教等方式监控整个教学活动过程；要通过课程教学和教学目标达成评教支撑培养目标达成度；要根据各类教学活动过程的有效性评价结果，科学分析、综合研判毕业生达到毕业要求的总体情况。毕业生跟踪反馈与社会评价机制是评价毕业要求达成度和人才培养目标实现程度的重要依据，是检验人才培养质量的重要手段，是高校掌握毕业生就业状况，用人单位反馈意见和建议的重要途径。

二、应用型人才培养课程的设计

课程是人才培养的基础和媒介，合理的课程设计、有效的课程实施、科学的课程评价是高质量人才培养的必备条件。应用型本科课程设置要从学生发展、就业和升学所需的知识和能力出发进行整体设计，更多地关注知识的社会性和有用性，努力加强理论与实践的联系。在教学方法上，要着力开展项目式教学，培养学生复杂问题解决能力；通过综合实践环节训练，培养学生的学习能力、知识迁移能力和创新应用能力。

（一）课程类别与结构

课程类别由必修课程、选修课程组成，其中又可分为专业必修、专业选修（任选、限选）；按课程知识可分为学科基础课程、专业基础课程、专业课程等。

在课程体系中，人文社科类课程占比大于 15%，数学与自然科学类课程占比大于 15%，实践类课程占比大于 20%（指独立设课的实践类课程，不含理论课程内的上机、实验等），学科基础课程和专业基础课程占比大于 30%。

课程体系设计首先应明确教育部、国家标准、各专业教指委对各类课程的学时、学分、理论与实践比例教学要求，根据这些要求设计各类课程间的比例关系、学时学分安排等。

在课程设置中，应用型高校存在以下几个方面的问题。一是课程同质化倾向严重，缺乏办学特色。在应用型本科学校特别是新建本科院校中，在课程设置方面，模仿照搬传统大学课程构架的现象比较普遍，有些院校的课程直接借用了传统高校的专业人才培养方案，没有结合自身的培养目标定位来设计，丧失了课程和专业特色。二是公共基础课过多，课程结构不合理。多数应用型本科院校存在公共基础课所占学分比例偏高问题，公共基础课占用理论课的学时学分，理论课占用实践课的学时学分，其结果是实践教学课程的学分被占用，与应用型人才培养定位不相符合。三是课程门数偏多。有的课程内容重复，或仅仅有少量的不同，先修课程与后续课程在内容和时间上没有很好衔接，导致学时浪费，学生上课时间过长，留给学生自由支配的时间不足。四是必修课程数量过多，选修课程数量不足。有的学校在选修课中还设置了"限选课"，实际上就是必修课。学校通过增加必修课数量、扩大班级容量来应对教学资源不足的矛盾，而选修课、实践课大都需要小班教学或小组教学，增加了教学资源投入。五是培养综合素质的课程偏少，质量不高，要求不严。个体对社会的贡献，适应社会变化的能力，更多取决于个体的综合素质。应用型本科院校在重视学生专业核心能力培养的同时，必须兼顾学生人文、科学综合素质的培养，强调课程的综合效应和实用效应，以满足学生转换不同职业岗位的需要。

在教学资源不足的情况下，可以通过网上课程、开放课程平台等在线学习方式弥补教学资源不足。可以将课程平台上的优质公共课、学科基础课推荐给学生学习，并纳入学分管理体系，压缩课内教学课程门数和学时数。例如原来大学数学是 96 学时，现在通过线下（课堂）32 学时＋线上（平台）64 学时来完成。学生在课程平台的学习，既为学生提供了高质量的课程产品，又使学生利用了课后、假期的时间学习，使学生学习由课内延伸到课外，拓展了学生的学习时间和空间，实现了课程的泛在性学习。节省下来的课时和教学资源用于增加选修课、实践课等综合性、个性化课程的教学，使学生的实践能力、综合应用能力得到提升。

在课程设置中还应增加国际化课程。在我国经济日益国际化、世界经济日益全球化的今天，我国提出了"一带一路"倡议，增设国际化课程的目的在于丰富学生的国际知识，了解外国的历史、政治、地理、文化、风土人情等内容，以及由这些独特内容所构成的世界文化多元性，克服狭隘的民族主义，增强世界多元文化的包容、沟通与理解，树立全球视野，培养学生以正确的世界观和价值观看待中西方文化的差异。

（二）课程类型

与课程结构同样重要的是课程类型的设置。课程类型既要体现不同的课程达到同一个目标，也要体现同一门课程达到不同的目标。按知识内容，课程可划分为人文和社会科学类课程、数学和自然科学类课程两类课程；按性质，课程可划分为学科基础课程、专业基础课程和专业课程三类课程，其中又可以划分为理论课程、实践课程等；按修课形式，课程可以划分为选修课程、必修课程两类课程。

人文和社会科学类课程要使学生在从事具体工作方案或设计方案时，考虑经济、社会、环境、法律、道德、伦理等各种因素的作用与要求，而不仅仅考虑专业方面的要求。同时，人文和社会科学类课程还可以使学生成为全面发展的个体，为职业转换、职业发展奠定基础。

现代社会的发展除了体现在技术方面的进步以外，还更多地体现在人自身发展与进步。与科学技术现代化相比，更难的，也更为重要的是人自身的现代化。科学技术的现代化水平与速度远快于人自身的现代化水平与速度，两者之间的不匹配，使社会问题层出不穷。例如，互联网技术的发展大大提升了整个社会的科技进步水平，由于人的现代化没有达到这种发展程度，导致网络环境下一系列社会、道德、伦理问题的产生。再如，汽车、钢铁的大量消费在给人类带来便利、舒适生活的同时，也带来大量能源的消耗，使环境的承载能力快速逼近极限。诸如这些问题，仅仅靠科学技术的进步是很难解决的，更需要人类文明的共同进步来实现。

大学教育特别需要充分认识和理解人的复杂性、多样性和发展性，既要通过科学育人，更要重视文化育人的作用。而文化育人更能使人充满内涵、满怀情感、展现道德，使人成为一个崇尚美好、善良与理智的人。

数学和自然科学类课程可以帮助学生掌握理论和实证研究的方法，为学生科学、严谨地表述问题，恰当选择模型与工具，进行分析推理奠定基础。在人才培养或课程教学过程中，体现科学与人文的平衡是一种重要的理念。通过数学和自然科学学习培养学生的严谨性、逻辑性和工具性，使学生能够在毕业后找到合适的工作，能应用专业技术、方法、工具解决实际问题。但是，从长远发展看，在大学培养过程中不可缺少人文素养的培育与养成。

学科基础课程和专业基础课程体现专业能力、应用能力和应用技术的培养，而实践类课程体现的是实践能力的培养。

全体教师要积极参与培养方案、课程体系的制定过程，掌握课程体系设计思想，树立人才培养的全局观。通过课程体系设计，使整个人才培养过程、目标相衔接，每一门课程、每一位教师都通过课程教学环节和过程为人才培养目标的实现做出努力与贡献。在课程类型设计中，要使得人文与科学、理论与实践课程比例相适应，既能满足学生就业要求，又能为学生职业发展提供后劲。

（三）课程布局

良好的课程体系结构和课程内容的实现要通过具体的课程实施计划，也即通过每个学期的课程设置布局来体现。每个学期的课程安排计划既要反映课程体系结构要求，也要符合课程内容规律。学生的认知规律一般是从初级到高级、从具体到抽象、从理论到实践，在安排课程布局的过程中要充分考虑这种认知规律。

课程布局要体现各类课程在逻辑上的连接关系，这种逻辑既可以是知识逻辑，也可以是实践逻辑或工作逻辑。如果是理论课，则重点考虑按知识逻辑来编排课程布局。如果是实践课，则要满足工作逻辑。课程布局设计要考虑以下几个因素。

第一，先修与后续课程之间的关系。基础课程与专业课程之间的开课关系要设计周密，使两类课程间的衔接紧密。第二，实践课程与理论课程之间的关系。有的理论课程在上学期开设，与这门理论课程联系紧密的实践课程却安排在下学期开设，这样的布局就不够合理。第三，必修课与选修课之间的关系。避免某一学期是密集的必修课，而另一学期又是密集的选修课。第四，科学课程与人文课程的布局。针对文科学生开设的科学课程和针对理工科学生开设的人文课程要贯穿整个大学学习过程，不能把这类课程作为"粉饰"课程。

（四）教学实施

完整的人才培养过程不仅有培养目标、毕业要求、课程体系、评价评估、持续改进的体系框架，还要有课程结构、课程内容、课程布局设计等，更需要将以上内容落实到教学活动中，反映在课程教学内容中。完整的专业教育内容体系不仅仅有知识，还要包括学科方法、工具技术等，通过教学设计和实施，实现课程目标。知识学习是能力培养的载体，不同类型的人才培养需要不同学科形态的内容，教学设计的具体形式是通过教学大纲来体现的。

传统的教学大纲设计是以章节为导向，以章节顺序呈现知识内容体系，其特点是知识呈现与教材内容顺序保持一致，便于教师组织教学，教材、PPT、教学设计过程较为简单，不需要（或较少）对教学内容进行重构，核心理念是以"教师为中心"。其不足是显而易见的，学生仅仅停留在适应教师教学活动过程和教材内容顺序阶段，主动学习能力或动力没有被激发，教师讲授整门课程主要是反映一本教材的内容。

为了克服章节导向的教学大纲设计的不足，适应能力导向的教学要求和课程目标实现，教师开始探索知识导向或问题导向的教学大纲设计。以知识体系为导向编制的教学大纲，始终关注知识点对课程目标的达成程度，以知识点为最小单元重构教材结构和教学过程。需要教师从整体上把握整门课程的教学目标和单个知识单元之间的关系，对教师备课、授课和学生的预习、复习提出了更高的要求。在这个重构活动中，教师不再囿于一本教材的内容，要综合多种教材或参考书的内容来完成一个知识单元的讲授，可以有效避免"一本书大学"的现象出现。学生不再仅仅读一本教材，需要参考多本相关书籍，甚至还要查阅更多相关资料，才能适应教师的教学和知识单元的学习，学生主动学习的能力和动力得到激发。

更进一步，更多的教师开展了以问题为导向的教学设计研究，从教学活动过程中问题的引起、问题的分析、问题的解释、问题的解决等方面培养学生自主性学习、合作性学习、探究性学习的能力。对一门课程按问题导向进行教学设计是一项富有挑战性和创造性的工作。

以知识单元或知识点为单位进行教学大纲设计的另一个优势是有利于评价课程教学目标达成度。教师作为教学者，时刻要评估自己课程的教学目标达成度，既是外部评估的要求，也是教师不断提高教学质量、水平的内在要求。教师要习惯于通过这种评价方式来促进自己反思提高教学效果的路径，这种自我评价与反思远胜于外部所要求的课程评价。

以知识单元或知识点为单位进行教学大纲设计，还有一个优势在于可对学生学习过程的考核与评价进行改革。当前，教师更习惯于用考试的方式来评价学生的学习成效，这种考核方式具有一定的片面性。教育教学改革要求教师的评价维度多元化、个性化、过程化，基于学习过程的形成性评价方式开始受到教师的关注。以知识点为单元设计的教学大纲清晰明确地反映了知识点及知识点之间的关系，为形成性考核评价提供了很好的依据。以前，学生知道学习了哪门课程；现在，学生不仅知道学习了哪门课程，还知道学了哪些知识点，这些知识点之间是什么关系，哪个知识点掌握得好、哪个知识点掌握得较差等信息，为今后的学习改进指明了方向和重点，也使学生更明确整门课程的学习目标达成情况。

第三节 应用型人才实践教学体系设计

实践教学目标是实践教学体系的重要因素，是实践教学应达到的标准，是实践教学体系的核心。实践教学目标决定着实践教学内容、实践教学管理和实践教学条件的结构和功能，在一定程度上决定着其他体系的有效运行，同时又取决于其他体系的发挥和产生的整体效应。对应用型本科高校而言，实践教学目标体系的内涵就是要根据人才培养定位与培养目标的要求，紧紧围绕能力培养和职业素养养成这根主线，设计学生的知识、能力、素质结构，创新实践教学内容体系和实践教学评价体系。

一、实践教学目标体系

实践教学目标是由整个人才培养目标决定的，为人才培养目标的实现提供支撑。对应用型高校定位来说，实践教学目标是实现整个应用型人才培养目标的重要组成部分，是体现应用型人才培养特色的重要环节，是适应学生发展和职业成长的重要平台。

（一）实践教学目标的设计原则

1. 知行合一原则

知行合一是由我国明代哲学家王阳明提出来的，即认识事物的道理与在现实中运用此道理是密不可分的。在王阳明心学中，"良知"是知，"致良知"是行，是指人的实践。知与行的合一，既不是以知来代替行，认为知便是行，也不是以行来代替知，认为行便是知。知行合一是中国古代哲学中认识论和实践论的命题。

中国古代哲学家认为，不仅要认识（"知"），尤其应当实践（"行"），只有把"知"和"行"统一起来，才能称得上"善"。

在实践教学中也要体现知行合一的精神与原则。从理论上、道理上明白的"知"并不是真知，更达不到"良知"的程度，还要通过实践才能达到真知的程度和良知的境界。实践就是"行"的过程，是将科学的理论付诸实践的过程，是对科学理论的检验与创新过程。应用型人才培养更要着力培养"行"的观念与能力，不能想当然地认为理论上了解了、学习了就自然能够实践了，这中间还存在较大的差距。对学校、教师、学生来说要树立大实践观，现在强调实践不是太多，而是太少了；不是过了，而是不及；不是降低了，而是更高了。

在一些教师、学生中存在认识上的偏差，认为强调实践教学会降低人才培养的规格、层次、质量，这种认识是极为片面的。应用型人才培养缺乏实践的支撑就没有特色，没有生命力，没有个性。要坚定一种信念，应用型人才、应用型大学一样是高质量、高水平的人才和大学。重视实践教学不仅不会降低质量与水平，反而对教学提出了更高的要求，实践教学会促进理论教学质量的提升。

2. 理实一体原则

实践教学体系要与理论教学体系相互融合，同步设计，同步实施，同步评价，与理论教学体系共同达成人才培养目标。这就要求理顺理论与实践类课程之间的关系，既不能重理论轻实践，把实践课程作为理论课程的补充，也不能重知识轻应用，把实践课程简单设计为对理论的一般验证。而是应该根据人才培养的能力目标要求科学合理地设计理论与实践课程的时间顺序和空间环境。例如，验证性实验是在理论课前开设还是在理论课后开设？一般的设计是先学理论再做实验来验证理论的内容。另外一种设计是先做低阶的实验，使学生从感性上认识某一领域的知识，这个时候学生由于没有学习理论，只知其然而不知其所以然，甚至可能得不到实验的结果，即使得到实验结果，也不知道这个结果说明什么问题或如何应用结果。在这种情况下，再上理论课，学生就可以更有针对性地学习，能够将理论与实验场景结合起来。学完理论课后，再进行高阶的实验，学生更有收获和体会，这样的实验安排就符合"从实验中来，到实践中去"的认知发展规律。这种理实一体化的实践课程才能达到应用型人才培养的目标与要求。

3. 应用创新原则

应用型人才培养的目标不仅仅是简单地应用原理、工具，更强调在复杂工作项目中创造性地应用原理工具。这种"创造性"具体体现在以下几个方面：一是新的工作任务使得原有的原理、工具的应用条件变化了，不能简单套用了，需要对原理、工具本身进行再研究、再开发才能应用到新的工作任务中；二是新技术的出现，替代了老技术，在工作中需要应用新技术，而新技术的原理是学生没有学过的，需要再学习；三是新的问题不能靠单一的原理、工具解决，而是需要集成性原理、工具才能解决；四是复杂的问题需要跨学科专业的原理、工具才能解决，需要跨学科专业的学习能力。根据这几种情况，在实践教学过程中要进行针对性训练，使学生加深对应用创新的理解。

4. 综合训练原则

综合性实践教学项目不仅仅是理论上的综合，还要体现科学与人文的综合、历史与未来的综合、国内与国际的综合、应然与实然的综合。无论是理工科还是文科毕业生，在面对复杂问题的时候往往不是依靠某种能力的训练就能解决，而是需要体现综合素养与能力，这种能力只能在具体的工程或项目实践中来训练。一项工程设计、一个产品研发，都不可能只考虑技术的先进性、可行性，还要考虑市场性、客户性、经济性、可持续性等非技术因素，这些非技术性因素往往决定了工程、产品、项目的前途和命运。所以，学会综合，掌握平衡，甚至是妥协，才能实现整体最优，牺牲局部和眼前获得整体和长远就是一种综合能力。

（二）实践教学目标体系的建构

1. 总体目标

应用型人才培养实践教学的总体目标是从整个人才培养目标出发，构建包括通识基础能力、职业基本素养、岗位就业能力和职业发展能力在内的多层次的实践教学目标体系，最终实现"知行合一、理实一体"的总体目标。通过对人才培养目标的要求，将"知识融合、工程实践、应用创新"所要求的能力素质进行分析，针对这些素质能力要求，提出相应的实践教学能力目标体系。将整体目标分解成基本素质、专业基本技能、专业技术技能、专业综合技能等子目标，构建时间上前后贯通、空间上相互支撑、内容上全面系统、环节上相互衔接、层次上逐步提升的实践教学目标体系。

2. 能力目标

从能力培养看，实践教学目标可以分为基础能力、综合能力、创新能力三个层次。基础能力主要是指通过实践教学活动，促进学生将教材中的理论基础知识运用到实践中，培养学生基本的动手操作能力，明确实践操作基本过程等。该能力培养在大学一、二年级开展，主要通过实验、实训等方式，由浅入深、由易到难逐步锻炼学生的实践操作能力，简单地说是学习掌握"用老方法解决老问题"的能力。

综合能力主要指培养学生整合学科专业知识，解决一般工程或综合项目的问题，达到一般的综合项目实践目的的能力。学生需要通过合作性学习与实践来完成综合性项目，促使学生在学习过程中学会有效学习、互相合作与交流。该能力主要在大学三、四年级进行提升，通过生产实践、学科竞赛、社会调查等方式组织开展，即"用老方法解决新问题"的能力。创新能力是指通过实践教学使学生自主学习教师未讲授却需要应用的知识或技能，完成复杂工程或项目，解决复杂工程或项目中的问题，培育学生的批判、反思和创新精神，培养学生学习掌握新方法解决新老问题的能力。

3.层次目标

实践教学的层次目标可以分为初级、中级、高级三个层次。初级层次主要反映和满足学生的基本技能与能力的需求和训练，中级层次主要反映学生应用知识、转化知识的能力培养与训练，高级层次主要反映学生综合知识和创新知识的能力培养与训练。

二、实践教学内容体系

实践教学内容是实践教学目标任务的具体化，将实践教学环节（实验、实习、实训、课程设计、毕业设计、创新制作、社会实践等）通过合理配置，以基础能力、综合能力和创新能力培养为主体，按初级、中级、高级等层次，循序渐进地安排实践教学内容，将实践教学的目标和任务具体落实到各个实践教学环节中，让学生在实践教学中掌握必备的、完整的、系统的方法和技能。

（一）校企联合机制建立

在应用型人才培养过程中，尤其要注重与企业合作建设实践教学基地，充分利用企业的技术、场地、设备、市场等资源培养应用型人才。关键是与企业建立深度、实质性合作的长效机制，形成命运共同体、利益共同体，得到企业真正的支持与帮助，这一点尤为困难也尤为重要。校企合作，是应用型人才培养类型特征的根本要求，离开了企业参与，应用型人才就失去了特色和动力。虽然从办学形式看还是学校本位制，但企业要素在应用型人才培养过程中体现得更加显著。由于学校本位制的办学形式决定了学校内部的组织架构是按学科建制办学，而不是按专业群、产业链结构设置院系。这就更要求学校主动对接企业，而不是企业主动对接学校，使学校的人才培养与企业的人才需求间形成匹配。应用型人才培养高校不能把企业合作视为可有可无的"鸡肋"，而应视为重要的战略合作伙伴；不能仅从企业"索取"，更需要向企业"奉献"。

（二）构建三学期制的实践教学模式

为完成实践教学内容，现有的两学期制的学期安排存在时间不够的问题，两学期制教学周基本在 42 周（含 2 个考试周），两学期制存在学习弹性不足、学生自我选择空间不足的问题。同时，随着实践教学要求的提高，在两学期制内完成上述全部实践教学内容捉襟见肘，有必要拓展实践教学的时间。为提高实践教学的质量和效果，可以在大一、大二、大三的暑期设置小学期，从而实现三学期制的教学模式改革。

现在有的"985"高校和一些地方高校也实行了三学期制，主要还是在校上课教学，只是教学时间上的调整，还没有从根本上实现三学期制的目的。对应用型高校来说，实行三学期制的重要目的是拓展实践教学的时间和空间。从时间上看，一方面增加了实践教学的时间，另一方面为学生进入企业实践提供了相对集中的时间安排。

从企业需求看，企业还是欢迎学生到企业实习的，但面临的一个现实困境是企业生产是连续的、周期性的，现在一般到企业两周的实习很难满足企业的需求，对学生来说也达不到实际岗位的工作训练要求，特别是工程训练的要求。在大三暑期安排更长时间的企业实训可以更好地契合企业需求，也能更好地达到实践教学效果。

（三）推行"三学分"制

应用型人才培养高校可以推行"三学分"（理论课学分、实践课学分、创新创业学分）制。学校对每一类学分提出最低要求，而且各类学分间互换有具体要求，总体上是实践课学分可以用来置换专业理论选修课学分，但不能用理论课学分置换实践课学分，增强学生对实践教学的重视。三类学分的置换如表2-1所示。

表2-1　学分置换表

项目	理论课学分	实践课学分	创新创业课学分	总计学分
总毕业学分要求	100	50	30	180
每类学分最低要求	80	50	30	160

注：表中数据为示例数据，均可以调整。

假设学生毕业要达到180学分，且各类课程学分数不低于最低学分要求，一种方式是按要求修满各类学分数量；另一种方式是通过增加实践类课程学分数量置换理论课学分数量，且最多置换20学分。这样，既激发了学生选择实践类课程学习的动力，又为学生的课程选择创造了空间，特别是为一些有实践特长或兴趣的学生提供了发展的空间和机会。

通过"三课堂""三学分""三学期"课程与制度设计，从时间和空间两个维度拓展实践教学环境，保障实践教学的质量与成效。

三、实践教学管理体系

（一）组织管理体系

学校要构建由上至下、统分结合的实践教学管理服务体系。学校、二级学院、系（专业）要有专人负责实践教学领导管理工作，并配齐必备的管理人员。学校负责建立体系、颁布制度，投入建设、组织考评等工作；二级学院负责落实实施、师资建设、设备维护、学生管理等工作；系（专业）负责课程安排、大纲制定、教材选用、教学实施、学生评价等工作。职责清晰、权责明确的组织管理是保障实践教学顺利实施的基础前提。

从职能部门的分工与协作看，学校教务处负责总体规划与年度计划的制定，制定相应的管理办法和措施，二级学院教学管理部门负责规划、计划、管理制度的实施与落实工作；资产管理部门负责实践教学资产设备的采购、维护、保管等，后勤管理部门负责实验场所的清洁、卫生、安全管理工作。与实践教学相关的各职能部门，要把服务于实践教学作为重要工作内容。实践教学不同于理论教学，它涉及人员、资产、设备、安全、后勤等方面的工作更多、更细、更杂，并且个性化、特殊性情况更多，因此，组建好管理体系、明确职能与分工具有重要的意义。

（二）运行管理体系

各专业要制订独立、完整的实践教学计划，并根据实践教学计划和人才培养方案编制实践课程标准，编写实践教学指导书，规范实践教学考核办法，保证实践教学质量。根据行业的实际任务与企业的实际需求，安排毕业设计（论文）等环节。对实践性教学环节应做到六个落实，即计划落实、大纲落实、指导教师落实、经费落实、场所落实和考核落实；抓好四个环节，即准备工作环节、初期安排落实环节、中期开展检查环节和结束阶段的成绩评定及工作总结环节。

四、实践教学条件

第一，师资队伍建设方面。学校人力资源管理部门，要按照实践教学的目标要求制订具体的师资队伍建设规划，应重点加强对现有教师培训和培养的研究，建立符合应用型人才培养要求的师资继续教育进修和企业实践制度。实践教学还需要建设一支设备维护专业人才队伍。实践技术队伍建设是应用型高等学校队伍建设的内容之一，这支队伍同样需要具备理论知识和技术技能，必要时还可以兼任实践教师。培养高素质的技术人才队伍是保障实践教学顺利实施的基础。一些高校很重视实践专业技术队伍建设，从培养、晋升、培训、待遇、岗位等方面采取措施激发队伍活力，不断提高服务水平和能力，取得了很好的成效。

第二，大力推进实践教学教材建设。实践教学教材建设是提高实践教学质量的薄弱环节，是制约实践教学水平提升的瓶颈。实践教学内容改革要反映和体现在教材建设上，学校、二级学院要把实践教学教材建设纳入教材建设规划，编写研发适应实践教学特点的教材。实践教学教材要与理论教学教材分开立项，同步立面，同步审批。实践教学教材不宜采用理论教材的模式和体例，要编写成工作手册式或活页式教材。实践教材的编写需要有企业专家参与，按企业实际工作、岗位流程或需求编写。

第四节　应用型人才培养的规范化管理

一、应用型人才培养规范化管理的研究意义

（一）建立符合人才培养结构的质量管理标准

建立起符合人才培养结构的质量管理标准，是本科院校实现教学管理规范化、科学化的基本前提。因为标准是进行评价和管理的必要条件，提高质量必须从明确质量标准入手。不论是哪一个类别或者哪一个层次的教育，要想达到相应的人才培养目标和规格，都必须先明确质量标准，然后才能使教育教学过程有章可循，使质量检测和评价有据可依，进而提高其管理的可操作性和科学性。具体分析高等教育的人才培养过程，其质量直接关系到教学过程中的"教"与"学"两个主要方面。当然，这一过程还取决于教学条件、教学设施以及教学过程等复杂的因

素。因此，如果没有客观、科学的质量管理标准，仅仅采用传统的、主观认定式的、单一的定性评价，将不利于探求提高教学质量的有效途径。只有明确教育教学过程的质量管理标准，才有利于将定性和定量的检测结合起来，实现科学规范的管理。

具体来说，教学质量标准是指为了达到人才培养目标和规格而制订的相应教学过程、教学环节等方面的质量规定。如果从内容要素上分析，质量标准起码包含三个方面：一是过程质量标准，即对教师教学工作各环节和学生学习过程各环节合乎科学规范的要求；二是教学效果标准，即在培养目标统领下，就课程教学预期效果从知识、能力和素质等方面制订可观测性和可认定性的评价标准；三是时间效益标准。当然，随着高等教育市场化办学的逐渐深入，制订质量标准也必须从市场化的办学实际出发，在使标准符合国家有关政策规定的同时，注重从学生的满意度和社会的满意度着手，结合本科院校的办学定位和人才培养的规格层次进行质量管理上的大胆改革和探索。

1. 人才培养的多元质量目标与全面质量管理

（1）以多元质量观为指导，确定人才培养目标。质量观是关于教育质量的基本观念认定，它涉及受教育者的学习质量和教育者的教育效果评价标准等多方面的因素。现代教育理念认为，高等教育的质量评价是一个多层面、多角度的开放范畴，既要反映出教育教学的内在逻辑，又要体现出人才培养的外部质量要求。高等学校的主要任务是培养人才，要牢固确立人才培养在高校工作中的中心地位，着力培养信念执着、品德优良、知识丰富、本领过硬的高素质专门人才和拔尖创新人才。

然而，具体到新建本科院校，无论是在办学层次类别方面，还是在人才培养的规格目标方面，它的质量标准都有其特殊性。从社会需要的角度讲，本科院校是适应社会发展对人才的需求而建立的，因此，毕业生在走向市场之后所受到的社会检验，是评价学校所培养的人才是否适应社会的需求以及人才培养质量的重要环节。从这个意义上我们就更容易理解，大众化时期的高等教育质量是一个多元的范畴。从最基本的层面上说，学生自身的学习效果、教育过程的传授效果和社会需求的检验效果，共同组成了人才质量评价的基本坐标。因此，随着社会发展对人才需求的多样化，高等教育的质量观也日益从一元质量观向多元质量观转变。特别是随着我国高等教育大众化的不断深入，传统的一元质量观已无法正确、客观地评价人才培养质量，人才规格、类型和层次需求的多样化，个体学习需求的多样化，办学主体的多元化，高校层次、类型以及学科门类等的多样化，必然要求质量和质量标准的多样化，使得运用多元化的标准评价高等教育质量成为必然趋势。

（2）以全面质量观为基础，实行人才质量控制。本科院校的科学化管理，应该是对全面质量观的正确认识基础上的规范化管理。随着我国高等教育由精英教育转向大众化教育，高等教育的质量观也由原先单一维度的质量观转向了全面的、多维的质量观，从而使质量管理具备了全新的视角和多层面的意义。全面质量观应立足于宏观的教育视野，全方位地认识教育教学质量。从教育思想的层面分析，不但要注重教育目标任务的合理性，以及教育过程各环节、各有关方面及各因素对教学质量的影响，更为重要的一点是必须注重教育产品在社会上的质量评价反馈。

全面质量管理对本科院校提高教学质量、培养社会所需的高素质人才的现实意义，主要体现在人才培养过程因素的全面控制和评价方面。根据教学过程中涉及的专职教学人员、教学辅助人员和教学管理人员等各个方面的因素，按照不同的工作性质和责任，以评价标准的多样化、评价制度的经常化、评价主体的多元化和评价过程的连续化为原则，构建内部质量保障运行体系，以形成人才培养过程的全方位的长效机制。落实到本科院校的教学管理上，全面质量观即是对人才培养过程中涉及的影响培养质量的人的因素和物的因素进行以质量目标为中心的全面系统的综合性管理。

2. 新的人才培养规格需要新的质量管理标准

（1）依据人才培养结构建立质量管理标准体系。随着高等教育大众化的不断发展，对高等教育的质量管理也随之提出了新的要求。从总体上说，优化结构、办出特色是高等教育适应国家和区域经济社会发展需要，保障高等教育培养的人才质量的基本前提。不同类别的学校根据不同的人才培养规格和目标，建立起符合办学定位的质量管理标准是十分重要的。

只有建立起真正符合本科院校教学规律和人才培养目标的质量管理标准，进而构建起富有特色的管理体系，才能及时掌控影响教育教学质量的所有过程和环节，以有效调整这些过程和环节之间的相互关系和作用，使其不断生发出促进人才培养系统运行的良性机制，进而在机制的促进下使质量管理体系达到最优化，做到使所有影响教育质量的因素在教育教学过程中都能得到优化调控，真正使人才培养的质量得到保障。进一步说，这种保障体现在人才培养的过程中，是为满足地方经济社会发展和其他相关方面的需求与期望。

首先，建立起人才培养的质量方针和目标，根据这一方针和目标确定质量实现的必需过程和岗位职责；其次，按照过程和岗位的需要提供实现质量目标所必需的教育资源，制订和规范有效的检测标准、方法，及时消除影响质量目标实现的因素，从总体上形成一种持续改进的质量管理标准体系。

（2）按照学校办学定位培育富有自身特色的大学精神。一所大学的规范化管理水平与人才培养特色，与这所学校精神的形成有直接关系。大学精神在本质上是一所大学办学理念、育人环境、管理模式和目标追求在哲学层面上的体现。作为学校的精髓所在，无论什么类别的学校，我们都能够从其师生的理想信念、精神追求、价值取向和行为方式等文化表现中感受到这所大学的精神品质和个性。大学精神是一所大学按照自己的理想目标和办学定位，从人文精神、科学精神和国际化视野等不同角度出发建立起的既具有共性又富有个性魅力的文化精神，由于办学理念的差异，不同类型的大学有不同的精神坐标，在大学精神的培养上不必要也不可能强求同一个高度，但是作为学校发展之魂，大学精神是绝对不能缺少的。因为它从根本上引领着校园文化环境的形成，本身既包含着优良的传统积淀，又包含着现实的追求和时代的创新。

本科院校必须从办学思想和大学文化的层面上建立起本科教育观念，根据学校定位树立起富有特色的大学精神，积极开发地方教育资源，撷取传统文化精华，打造丰富多彩的校园文化，形成富有特色的校风、教风和学风，真正使校园精神制度化、生活化。

总之，只有按照区域经济和社会发展所需的人才类型，从培养目标、培养过程和培养质量等方面全方位地进行改革探索，进而形成具有鲜明特色的质量管理新机制、新模式，才能为培养社会需要的新型人才奠定坚实的基础。

（二）创新规范管理机制，实现教育质量有效控制

机制是指系统的组织或者部分之间相互联系、相互作用的结构状态和行为方式。无论是什么工作系统，它的组织结构以及运作过程和方式，也即各个环节之间的动态关系，都从根本上决定着系统本身的工作效能。

1.“三四四”规范化管理机制构想

所谓本科教育教学质量“三四四”规范化管理机制（以下简称“三四四”规范化管理机制），作为一种规范化管理机制的构想，“从本质上体现了质量监测

的有效性原则、质量控制的过程性原则和质量保障的整体性原则"。

"三四四"规范化管理机制在基本办学条件支撑下，先组成一个以质量目标为行为准则，以全员责任为行为动力，以组织系统为行为保障，由输入到输出的人才培养具体过程。当按照质量目标培养的人才走出校门，输出的一端便与社会用人市场及研究生招生学校连接起来，进而对质量目标体系形成总体性的信息反馈回路，为形成更优化、合理的质量结构目标和人才培养实施环节提供改进依据和创新动力，如此形成的不断改进、不断优化和提升的人才培养的循环过程，促进学校教学质量的不断提高和办学效益的持续实现。

2.不断优化内部机制，促进教育质量全面提升

规范是科学管理的前提条件，是由粗放型管理走向集约式管理的基础。从事物的内部规律性上说，只有科学规范的管理，才能形成有利于事物健康发展的有效机制；而好的机制也只有通过规范有序的运作，才能真正在实现预期目标的过程中发挥其应有的作用。具体到"三四四"规范化管理机制，无论是三个层面构成的质量目标结构体系，还是四个方面组成的质量过程考核体系，抑或是四大系统形成的质量保障运行体系，在各自的不断完善和相互协调促进过程中，规范都是最为关键的基础性要素。为了使人才培养的过程系统始终保持运转的动力，进而在教学、管理、服务的过程中形成健康有序的全员激励机制和竞争机制，就必须使整个系统在规范化的前提下保持科学运行的状态。

确立规范是保持机制良好运转的基础，是使动力机制、激励机制、竞争机制和协调机制的效能得以最佳化实现进而达到系统结构性优化的保证。因为只有使各个运作环节和工作岗位建立起规范，真正实现管理的制度化和科学化，才能在实际工作中最大限度地减少主观、人为的不公正考量因素，特别是能够避免种种偶然的情绪和片面的认识对正常考核标准和考核程序的干扰，保证以全员为对象

的质量过程考核体系依照既定的规范运转。只有保持规范化的运转状态，管理主体才能在公开、公正和公平的基础上对系统运行中的行为主体进行科学评价。这种科学的评价和制度化所展现的管理行为，一方面能在思想上形成强有力的舆论导向，另一方面可以针对具体的岗位职业技能自然地显现出业务评定上的奖惩效应。这一切都有利于从各个方面调动大家的主观能动性和积极性，也能够从根本上培养所有人员遵守规范、维护制度的工作自觉性。

从管理科学的角度来说，只有教育教学过程形成了规范有序的运行模式，管理主体才能真正对人才培养质量进行科学调控，进而使教育教学质量的内部保障体系得以正常、有效地发挥作用。只有真正建立起规范有序的教育教学运行体系，才能及时有效地把握教学工作的发展状态和运转方向；只有教学管理达到了科学规范的水平，才能以客观公正的规章制度促进对整个教学过程的适时协调、约束和控制。建立科学完善的运行规范，不但能使检测和监控的内容、条件以及阶段性目标客观透明、公平合理，而且能在完善物质激励、精神激励和信息激励措施的同时，强化对质量责任人员的行为激励，增强职业情感对主体行为的影响作用，使其明确岗位职责的重要性和关键性，增强职业道德意识，充分认识到履行岗位职责与整体系统运转效益之间的关系，真正生发出主人翁的责任感和荣誉感，提高自身岗位的工作质量。

我国高等教育正在积极推进现代大学制度建设。在这一过程中，除了要探索完善治理结构、扩大与社会的合作以外，还包括加强制度建设和教育质量的专业性评估评价体系建设。换言之，本科教学质量的规范化管理，不论选择何种机制或者构建何种模式，都必须通过制度化来实现管理的科学化和规范化。因此，从我国高等教育发展的战略意义出发，认真研究和探索"三四四"规范化管理机制的理论体系，能促进本科院校科学管理和制度管理的规范化建设，真正使教育教学管理由人为的、就事论事的粗放式管理提升到大学文化的层面，进而营造出积极向上的良好环境，形成科学高效的运转状态，以管理机制的不断优化促进人才培养质量的不断提高，实现办学水平和社会效益的不断提升。这也是我国高等教育推进现代大学制度建设的需要，它能从实质上推进我国高等教育与国际接轨，加快高等教育实现办学水平的现代化。

二、应用型人才培养规范化管理的质量因素

（一）过程质量全员考核制度

全员参与是适应目标管理的组织结构特征。要从教育教学过程质量的角度来保证人才培养的最终质量，除了要坚持以学生为中心的基础理念之外，还必须落实全员参与的管理思想，即建立健全与人才培养有关的所有工作岗位的责任制，以使每一个工作人员都明确自己在教育教学质量形成过程中所担负的责任，进而使自身的岗位工作自觉地围绕总体质量目标运行，形成共同促进人才培养系统优化发展的动态趋势。

1.组织结构决定质量管理体系的运行方式

（1）通过全员参与来形成结构性保证状态。组织结构是质量管理体系的基本框架，决定着质量管理体系的运行方式。要形成质量目标实现过程的优化体系，必须采取措施使员工了解自己工作岗位的重要性及在系统中的关键作用，明确自身需要承担的责任，建立自己的工作目标，从而激发其主观能动性和工作积极性。

有效的质量保障运行体系是一个由与质量相关的所有人员共同组成的结构体系。在这一结构体系的运行过程中，每一个环节都直接或间接地对质量的形成产生影响，特别是这些环节中的行为主体即员工，他们的思想观念、指导理念、敬业精神、事业心和责任感、知识基础和工作经验以及由此形成的操作能力等，都

是直接影响工作成效的因素。

全员参与的本质性意义是从系统环节上确定切实可行的工作规范和职责要求，真正做到全员参与和全员责任，保证管理体系的各项规定都符合人才培养目标的实际和标准，实现质量管理体系与现实工作的有机结合。

全员参与将教学质量管理融入学校整体管理工作之中，以增强全员的质量意识以及工作过程中的主动性和能动性，使与人才培养直接或间接相关的工作岗位和操作环节都能按照学校规定的总体培养目标和质量标准严格要求自己，落实规范化、制度化的岗位职责，进而使人才培养系统的各环节处于相互保障和促进的运行状态，通过每一个岗位和操作环节上的质量实现来保障人才培养的最终质量。

（2）通过过程控制来保证系统实现转换增值。一个有效的过程必须是一个有效的增值转换过程，一个有效的质量管理体系必须通过对组织内部各种过程进行有效管理来运行。作为质量管理的原则之一，过程方法启示我们：质量管理不但要重视做什么，还要重视如何做。具体到高校的人才培养来说，只有将人才培养活动和各种教学资源的利用作为过程进行管理，才能更有效地实施教学质量的监控和评估，通过规范化的管理手段促进人才培养活动的优化，使教育教学质量不断提高，进而高效率地实现应用型人才培养的预期目标。

2.资源配置影响质量过程的运行效果

（1）教育资源的影响与保障作用。在高等教育的教学资源中，人们过去比较重视物质资源和人力资源，对它们的影响和保障作用研究得比较多。其实，在高等教育教与学的交互过程中，一切能够对教育服务主体的活动起到工具性、依托性、启发性作用的文化因素都能够成为教学资源的构建基础。从某种意义上讲，能够形成教学基础设施（硬件）和教学开发平台（软件），可以为课堂面授交流和学生自助学习提供文化资源的因素，都可以纳入教学资源的范畴。因此，从大的方面来分，物质资源、人力资源、信息资源和文化制度资源等构成了高等学校教育教学资源的结构主体，它们从不同的角度和层面在高等学校办学过程中对人才培养质量起着基础性的保障作用。

当然，随着高等教育的不断发展和教学资源的不断开发，教育教学资源在高等学校中的地位会不断发生变化，教学资源的结构性调整也在很大程度上影响着高等教育办学形式和人才培养模式的变化。因此，加强教学资源建设应该以推进教育创新，深化教学改革，促进适应社会经济发展的高素质应用型人才的培养为目标。

（2）过程方法的有效控制作用。过程方法的目的是通过识别、控制、评价和改进等手段形成持续改进的动态循环，进而使组织的业绩不断提高。

目标管理的方法只是着重于宏观目标的制约，不追求微观过程的管理，而过程管理的方法既重视宏观目标的定向性作用，又重视微观过程管理的结构性策划。与其他方法相比，它的优势在于对组织系统中单个过程之间的联系和过程组合及相互作用进行连续的控制，从过程的输入开始即对每一个过程环节高度重视，并明确确定各过程环节的主要质量标准及控制点，尽量避免影响质量的因素出现，使整个组织生产过程的质量符合预定的标准，进而促进最终的质量目标的实现。

因此，过程管理所形成的产品就不单是最后输出的"外供成品"，它实际上包括各生产过程中形成的结果，即阶段性产品。从质量管理的角度说，此类产品可分为四种类别，即硬件、软件、服务和流程性材料。过程管理强调过程业绩和结果的有效性，为了判断这些过程是否有效地运行并对其加以监控，组织必须获得必要的信息，并通过对信息的分析判定而实现对过程的监督控制，以便达到过程结果及实现对过程的持续改进。

按照这一管理思想，高校关于人才培养的过程管理，从输入的过程性上分析，首先必须明确人才培养的层次、类型和服务面向，进而根据人才类型和社会需求以及具体的学科专业发展现状等选择所要构建的培养模式；从输出的角度讲，必须制订出知识能力和素质的培养、检测及评定标准，以及具体可行的人才培养方案、教学大纲等教学实施文件；从教学资源的角度讲，必须按照人才培养的质量标准提供师资队伍、教学经费、教学环境以及教学设备等保障条件。

为了满足过程管理对组织系统的控制需要，人才培养方案和教学大纲必须做到质量目标明确、实施过程完善、环节结构科学合理，适应应用型人才培养目标和规格。按照这一要求，高校要有效实施过程管理方法，还必须根据培养目标，结合生源实际，制订出符合培养目标要求和教学大纲内容及学科专业发展实际的，有助于学生形成适应社会需求的知识、能力和素质结构的教学考核标准，以便进行人才培养过程的质量目标控制。

3.运行过程决定人才培养质量

（1）质量管理涉及每一个环节和岗位，教育教学工作作为高等学校经常性的中心工作，涉及学校的方方面面。人才培养是高等学校的首要职责，涉及每一个岗位上的工作人员。从本质意义上说，质量管理的有效实施是以与质量形成有关的所有人员质量意识的不断增强为基础的。无论是质量管理的"三大要素"观念（人、技术和管理），还是"五大要素"观念（人、机器、材料、立法与环境），"人"都是作为第一位的要素被首先提出的，因此，有效实施质量管理的首要基础是行为主体的质量意识。对作为行为主体的人来说，只有质量意识不断增强，才能对自身所从事工作的质量有科学的认识，才能坚定不断提升质量的信念，才能增强做好自身工作促进质量形成的责任感和成就感。在此基础上，按照过程管理的方法，将质量管理的工作落实到教学工作所涉及的每一个岗位，具体到人才培养的整个过程及参与这一过程的每一位人员，才能真正形成一种全员参与的运作体系。与一般产品生产不同的是，在过程方法中，学生作为特殊的产品，在消费学校教学资源和服务环节的过程中与其他所有工作人员一样具有不可推卸的责任，特别是对形成最终质量起着至关重要的作用。

如果将运用过程方法的质量管理视为一个具备质量标准监控和保障的组织系统的话，那么这一系统过程之间各种因素的互相关联和互相作用都在实质上影响着系统的功能，进而影响着质量的实现。

具体分析，学生作为消费者在社会、家长影响下对学校教学质量所产生的主观需求和期望对其学习能动性的影响，管理者对人才培养规格和结构以及质量目标的理解对其教学管理行为的影响，教师作为教学过程中的主体对培养模式、结构方案和教学大纲的理解对其教学水平的影响，教学辅助人员和教学管理人员对岗位职责和质量目标的理解以及事业心、责任感对教学过程质量的影响，等等，这一切都具有牵一发而动全身的效应，不论哪一个环节、哪一个方面的行为出现问题，都会直接影响到系统过程在实现质量水平方面的有效性。

因此，必须从系统的角度分析过程方法的意义，根据顾客亦即学生、家长和社会的需求与期望构建人才培养的目标规格和质量方针，进而形成过程方法的管理系统，并将系统内所有的要素、环节和人员都结合起来，形成人人参与的组织机构，将所有部门、人员、资源和过程因素组成一个相互影响、相互促进和相互监督的质量实现过程。

从心理学的角度分析，行为主体的知识、情感和意志往往能综合性地对主体行为起到多层面的控制作用。只有通过组织结构的优化实现每一个具体教育教学过程和人才培养环节的有效和高效，才能保证人才培养质量和办学水平的不断提升。

（2）过程环节的连环递增和倍减效应。在质量形成的过程中，只有每个过程环节都追求最好，才能形成最终的、理想的质量。从事物发展的形态上分析，任何一个系统过程都是由一个一个的环节递次串联而成的。作为一个朝向具体目标运行的系统结构，人才培养的每一个环节必须以上一个环节提供的质量结果为基础。也就是说，要想使一个系统工作的最终结果实现最佳的效益，系统内的每一个环节都必须做到最好。

具体到高校人才的培养，作为一个由多种教育教学环节和岗位所组成的系统，其运行质量不是各环节质量的简单相加，而是各环节的质量以乘法递增的效应体现在最终的质量之中。如果一个环节达不到质量要求，就会直接影响到下一个环节的质量。

高等学校的人才培养过程作为一个相互影响的大系统，其工作原理和过程方法与上面所分析的是一个道理。要实现预定的人才培养质量目标，必须实施过程方法和全员参与的规范化管理模式。不论是学校工作中的哪一个部门或者个人，只要与人才培养有直接或间接的关系，就在实质上成为人才培养大系统中的一个环节；作为影响到人才培养质量的某个方面的因素或者环节，就必须致力于使自己的工作达到最佳的质量标准，才能实现每一个个体和每一个环节上质量的最佳化，进而形成人才培养系统的优化发展状态，以保障最终质量目标的真正实现。

（二）教学资源环境的作用

随着教育教学的不断改革，教学资源构成的教学大环境彻底改变了教师作为信息源而单向传授知识的教学局面，教学成了学生在教师指导下主动利用教学资源来满足自己学习需求的过程。从这个角度来说，教学资源也可以理解为一切能够为学习过程提供服务的要素，包括可以帮助学生达成学习目标的显性或者隐性的物化因素。

1. 优质资源环境建设与实验教学

（1）实验教学模式创新是提高教学质量的基础。实验教学作为实践教学的重要环节，是人才培养过程中一个不可或缺的重要组成部分，对于培养学生的创新创造能力，实现教育教学质量目标起着不可取代的作用。因此，应做到：①提高认识，充分重视实验室工作，加大投入，整合资源，不断改善实验条件；②充实力量，注重培养，切实提高实验队伍水平，真正形成理论教学与实验教学统筹协调的良好氛围。

（2）实验室队伍建设是提高教学质量的保障。实验室队伍由实验教师、实验技术人员、实验技术工人和实验室管理人员组成。他们的主要职责是：根据教学计划和实验大纲的规定，承担实验教学任务，进行实验教学准备，编写实验教材或实验指导书；根据实验室的性质和学科专业方向，制订实验室长期和长远建设发展规划，对人力、物力、财力进行综合平衡；随着人才培养模式和教学方案、课程设置体系的不断改革，更新实验内容，改革实验方法，大胆探索提高实验技术的新渠道，不断完善实验技术条件和工作环境。

实验技术和管理人员是高校实验教学中最为关键的人员。特别是高校，能力培养在其人才培养过程中极为关键，实验和实践教学在整个教学过程中具有决定性的意义。因此，注重实验技术等实验实践环节的人员队伍建设，在岗位设置、职务评聘方面不断进行改革，通过岗位培训等多方面的措施实行岗位管理，打破身份界限，完善激励机制，建立科学合理的评价体系，不断提高人员的业务水平和工作积极性，是提高整体办学水平的要求。

（3）加强岗位职责研究，建立质量考核标准。只有根据新的人才培养目标和教学任务的要求，结合学校实际，以改革的精神科学有效地对实验技术和管理人员进行岗位分类，才能真正提高实验教学的效率，使这些人员在人才培养过程中起到关键性的促进作用。对以管理为主要工作内容的人员来说，必须认真掌握应用型人才培养模式中实践教学的内容和环节，根据不同的专业和培养方向所涉及的实验教学形式，结合具体的教学组织结构和规章制度，创造性地做好实验教学的组织管理工作。在承担实验教学的过程中，实验技术和管理人员还承担着仪器设备的管理、维护保养、计量标定，以及自制仪器设备的设计和制作、大型精密仪器的功能开发等工作。在完成教学任务的前提下，遵从开放办学的原则，不断探索产学研相结合培养人才的新路子，积极开展服务和技术开发，开展学术、技术交流活动，也是实验技术和管理人员需要认真研究的一个课题。

实验室人员通过实验室建设与管理为教学科研创造条件，做好实验技术研究和管理工作，是提高实验教学质量、科研水平和搞好学科建设的重要保证。

实验室工作具有多样性与复杂性，实验技术人员的岗位设置要考虑到多方面的因素。从实验室建设的角度来说，包括大型仪器设备的论证、购置和管理，常规仪器设备的管理与维修，低值易耗品的使用与管理等，这些工作的水平都与实验技术和管理人员的整体素质有直接的关系；从实验教学的角度来说，实验课前的准备、课程中的指导、实验过程中的技能操作、实验数据的采集整理和出具结论以及改进提高等，都直接考验着实验技术和管理人员的专业能力、基本素质、责任感与敬业精神。特别是与基础课程教学联系最为直接的基础实验室，作为教学科研的重要基地和培养高素质人才的重要场所，其建设和管理水平不仅是高校办学实力的标志，也是高校教学水平和管理水平的重要体现，对培养综合能力强的高素质人才具有关键性的作用。

因此，高校不但要进一步优化实验技术和管理人员的结构，明确其岗位职责，促进其在实验教学中分工合作，更重要的是要强化岗位管理目标责任制，通过制定科学规范的管理制度和考核标准，构建起实验室建设和实验教学过程中的革新机制、激励机制和竞争机制，以充分调动实验技术和管理人员在实验室建设、教学指导和设备使用管理等方面的积极性、能动性与创造性，最大限度地发挥仪器设备在教学科研过程中的功能。

2.优质资源环境建设与图书资料

（1）图书资料在应用型本科教育中的地位。图书资料与师资、仪器设备一起被认为是传统意义上高校办学的三大支柱。图书馆作为学校图书资料信息收集、整理、保存与咨询交流中心，既担负着培养人才的任务，也担负着科学研究的任务，标志着一所学校的办学实力和发展趋向。

图书馆和资料室作为学生与信息资源之间知识传递的媒介，在培养高素质人才的过程中具有至关重要的作用。从总体上说，它既是通过思想政治经典文献和优秀传统文化文献的借阅交流对学生进行德育的场所，又是通过信息交流对学生进行专业教育以及知识创新教育、文化素养教育和心理健康教育的无形课堂。

随着信息化的不断加快，我国高校的数字化建设呈现出日新月异的局面，再加上教育教学改革的不断深化，高等学校图书资料研究和管理岗位的素质要求也在不断提高。因此，根据高校的办学方向和人才培养目标，进一步加强学校图书馆和院系资料室的内涵建设，提高图书资料研究和管理人员的整体素质，以适应不断提高的教育教学水平的需要，是一项不可忽视的重要任务。

（2）采取措施提高图书资料研究和管理人员的素质。图书资料研究和管理人员的整体素质是由人员的品德、知识、技能等共同决定的，包括思想政治素质、职业道德素质和科学文化素质等。

第一，思想政治素质。作为高校图书资料研究和管理人员，须了解高等教育发展的时代性特征和结构性特点，认真学习党和国家的教育方针，熟悉教育法规和高等教育的有关文件，才能在信息资料的收集整理和研究方面掌握主动，及时为教学科研提供具有时代价值的信息资料。

第二，职业道德素质。图书资料人员的职业道德素质以坚实的职业知识和职业能力为基础，包括思想感情、工作态度、行为作风等方面。图书资料是高校十分重要且不可或缺的基础性办学资源，特别是在信息化高速发展的时代，信息资源在某种程度上能决定一所学校在市场化竞争中的成败。因此，只有真正树立了信息资源是决定性资源的坚定信念，图书资料研究和管理人员才能对自身所从事的工作产生感情，才能表现出正确的工作态度。

第三，科学文化素质。图书资料研究和管理人员必须具备广博的知识，从信息提供和咨询的层面来讲，对于一切与信息整理、研究、咨询和传播有关的基本知识，图书资料研究和管理人员都应该有所了解。要真正在工作中做到这一点，需做到以下几点：①掌握图书情报专业的基本理论、基础知识和技术；②熟悉文、理、工、法等主要学科和专业，特别是学校所设置的学科的专业性质和思维特征；③具备必要的外语知识；④掌握现代化的管理知识；⑤能熟练地应用计算机等现代教育技术。

3.优质资源环境建设与信息素质教育

（1）强化网络文化的正面引导作用，完善网络管理制度，制订严格的管理措施，积极开发和推荐有利于学生学习的网络资源。教学资源研究和管理人员应采取积极措施，利用网络信息传播的时效性和多媒体化等优势，更多地开发有利于教学的学科软件和引导学生自学的网络资源，让学生更方便地了解学科专业的有关信息，及时搜集所需学科资源。同时，积极创设健康向上、有利于激发学生创造创新精神的娱乐信息，充分利用电脑语言图文并茂和多媒体传输声情交融的特点，使学生在轻松、愉悦的氛围中了解正面的东西，以文化精华来抵制不良网络文化的侵蚀。

（2）加强网络信息安全教育，采取多种教育措施提高学生对网络信息的判断力和防御能力。引导学生树立自律意识，自觉强化网络道德约束，提高网络道德素质。

（三）教学管理的提升

随着时代的发展，高等教育管理的发展有三个趋势：①由管理大学向经营大学转变，形成管理重心下移；②由过去的泛职化管理向专职化管理发展，形成管理的专业化；③逐渐强化法制观念，向依法管理、规范管理和科学化管理迈进。从教学管理的角度来说，科学、规范的管理制度和工作程序是不断提高学校办学水平和办学质量的保障。管理的水平决定和制约着一所学校的办学水平，管理人员的思想观念和素质直接影响着一所学校办学机制的运转效率，管理机制的改革创新和管理制度的制定落实涉及一所学校办学效益的实现。只有真正将先进科学的管理制度落实到办学的各个层面和各个环节中，才能真正推进应用型本科教育健康快速发展。

以教学管理服务为主要职责的教学管理人员，在以全员为对象的质量过程考核体系中占据着非常关键的地位，在某种程度上可以说是教学系统优化运行程度的决定性因素。因此，必须通过强化对教学管理人员岗位职责的管理，进一步将各种岗位职责具体化、规范化，真正使教学管理人员把主要精力投入管理服务工作中，创造性地做好教学管理服务工作，以促进教学系统的不断优化，进而从各个层面、各个环节和各个过程的管理上保障人才培养的质量。

1.明确有利于提高质量的管理岗位职责

从总体上说，现代高等学校的管理要体现"以人为本"的思想。具体来说，教学的主体是学生，办学的主体是教师。因此，高校的管理理念（包括教学管理）最终应该体现出为学生、为教师服务的思想。在办学过程中，这种为师生服务的思想不但要体现在管理的各项规章制度中，而且要体现在管理的每一个细节上。

在教学管理方面，管理目标体现在教师身上：一是要为他们提供方便的教学环境；二是要及时提供全面的教学反馈信息，帮助教师调整和改进教学工作；三是要制订科学的评价体系，促进和鼓励教师的改革与创新。

管理人员的重要职责是为教师的教学和学生的成长营造适宜的环境，包括自然环境、生活环境、文化氛围、学科共生的优势等。营造这种环境应该成为每一位行政管理人员、业务研究人员、教学辅助人员和后勤服务人员的职业意识。

从教学的主体能动性上说，学校管理应该研究最重要的因素有三个，即学者、学生和学风。如果把这三个方面的管理工作做到位了，这所学校就一定能够实现快速发展的目标。

在具体的教学管理中，如何将"教"的主观能动性与"学"的积极主动性结合起来，形成人才培养过程中师生相互促进的运转状态，是值得认真研究和深入探讨的课题。特别是对应用型本科院校来说，面对着人才培养的新规格和学生来源的新特点，教学管理必须大胆探索与构建新机制。具体来说，管理必须从长期的精英教育所形成的传统惯性中抽脱出来，根据生源特点和培养规格，积极探索新的管理模式，由让学生被动适应的传统管理模式转向教学管理能动性地去适应人才结构与学生学习的特点。在遵循教育基本规律的基础上，形成新的价值引导趋向，努力建构富有应用型人才培养特色的管理模式，促进教学质量和办学水平的不断提高。

2. 教学管理人员的素质要求及职能层次

教育教学管理是一门科学，它需要以教育研究与教学管理研究为基础。教学管理人员的整体素质，具体来说即管理岗位与职务所要求的基本条件，是适应管理工作要求、提高管理水平与管理效能的基础。教学管理具有综合性、协调性和政策性等多方面的特点，要求教学管理人员具有较高的素质和能力。这其中首先是思想政治素质，即管理职务所要求的马克思主义理论修养和政治觉悟。要具有强烈的事业心和高度的责任感，具有良好的道德修养。其次是有关的知识素养，特别是较系统的现代管理知识和相关的专业知识，如高等教育的理论知识、高等教育的管理知识以及所在管理部门和岗位的专门知识、相关学科知识等，再就是高等教育有关政策、法令、法规、条例和规定。最后是智能素质。智能是一个人知识、智慧和技能在实践中的综合体现，所以智能素质是管理者做好管理工作的核心素质，包括敏锐的观察力、良好的记忆力、周密的思考力、丰富的想象力、坚强的意志力。对重要岗位上的管理者来说，还必须具备较强的筹划与决断能力、组织与协调能力、判断与处理能力、改革与创新能力等。

按照教学工作整体一致的目标系统的要求，教学管理也必须形成符合教育教学目标系统的工作体系。具体来说，要根据人才培养运行过程和运行环境的需要，建立起适应各个教学环节运转的规范、完备的管理岗位，完善有关的规章制度，明确具体的岗位职责，落实科学的质量标准，进而使学校教学管理无论是在指导思想、目标规划、规章制度和发展举措层面，还是在组织协调、过程运行、质量监控和信息反馈层面，抑或在基本建设、教学改革、具体实施和环节掌控等方面，都能够做到科学、规范、全面、优化。与此相对应，具体到应用型本科院校的内部运行体制来说，教学管理服务人员按照管理职务可分为决策管理人员、职能管理人员和执行管理人员等。在实际工作中，管理服务人员的职务不同，其管理职责自然也有明显区别。

（四）教学人员的变化

以专任教师为主体的教学人员，包括专任教师、兼职教师、外聘教师、辅导教师等，是学校人力资源中决定教学质量的部分。在高校的教学人员中，首先应该引起重视的是年富力强的中青年教师。特别是随着办学规模的不断扩大，许多高校近年来采取人才引进政策，引进了大量的青年教师。他们作为师资队伍中最有活力的成分，不但使原有的师资结构得到显著改善，而且承担着重要的教学任务。在有些学科专业，新进教师甚至很快成为教学的主体力量。

无论从哪一个角度分析，新进的青年教师都蕴含着多方面的发展潜力，进而在很大程度上决定着学校的未来。因此，采取措施使他们尽快适应高等教育对教师专业化的要求，是学校应该高度重视的一项工作内容。除此之外，在高校中，原有的专科教育、职业教育或成人教育的大部分教师也随着学校的合并升格一起进入本科办学队伍。在原来的学校中，他们是教学的中坚力量，但面对本科教学任务，他们无疑需要一个角色转换和水平提高的过程。

总之，高校的教师队伍在教学资历、教学经验和学术水平以及学历层次上都存在着明显的不平衡现象。这些都是影响和制约学校办学水平的重要因素。因此，高校的师资队伍建设，不但应注重数量的充足和结构的优化，还应该把素质优良作为重要的目标内容。无论从哪个方面来说，加大师资队伍建设力度，使教师的内在素质尽快适应本科教育不断发展提高的需求，都是新建高校迫切需要做好的工作之一。这其中最根本的就是要采取积极措施尽快提高师资队伍的教师专业化水平，以适应对办学发展教师专业化的需要。

1. 教师须具备终身学习理念

从高等教育发展的角度讲，我们所处的是一个知识更新不断加速的时代。随着知识革命引起的学科与课程改革的日益加快，高等学校的教育教学方式和学习方法不断发生着根本性的变革，而教师的传统角色也有了实质性的变化。特别是网络社会的形成使教师与学生处于接受新信息、新知识的同步时空之中，在很多情况下，教师不再是教育资源的唯一拥有者，也不再是教育产品的直接生产者，而是逐渐转变为教育资源的优先发现与综合利用者。具体到教学过程之中，教师更多的是学习的组织者和富有经验的启发者。

教师作为一种职业已逐渐摆脱了道德本位的教化形象和知识本位的教书匠形象，具备了一定的知识就可以当教师的时代已经一去不复返。教育真正进入了教师专业化的时代，具体地说，就是教师不仅需要具备专业知识，还必须具备职业知识和职业技能，而职业知识和职业技能是需要随着时代发展和社会进步不断更新的。这就从根本上将教师的职业角色定位于终身学习者的角色。随着社会的不断进步和教育的不断发展，教师必须与时俱进，不论是从理念上还是从职业知识、职业技能上，只有不断进行自我更新，才能适应教育的新要求。

知识的更新和能力的提高是创新的基础，而不断创新则从本质上体现着一位教师的综合素质。因此，教师只有随时准备接受新的教育理念，促进自身的专业化水平不断提高，才能在教育发展中始终保持积极开放的心态，不断更新与提升专业知识和专业能力，进而以创新的姿态构建相互尊重、相互信任、相互理解的师生关系，创设和谐宽松、充满生机的课堂环境，真正做到教学相长。

2. 优化教师结构是提升教学质量的基础

一所学校的教师队伍结构，是衡量这所学校师资质量的重要标志。由师专和其他专科院校合并组建的高校，从教师队伍的整体情况来看，不但存在着学历层次偏低、职称结构不合理的现象，而且在学科分布上也存在着严重的结构性矛盾。特别是办学模式由专科转变为综合性本科之后，为了适应地方经济建设和社会发展的需求，学校开始多学科办学，大都集中新上了一些属于应用性学科、新兴学科与边缘学科的专业，进而导致了任课教师的结构性短缺与过剩并存的问题。从总体上看，高校的师资队伍不但在质量上亟须提高，在数量上也存在着学科分布极不合理的现象，传统学科的师资相对过剩，一些新开的应用性专业与热门专业的师资严重短缺，师资队伍的学科结构严重不合理。另外，由于原有专科学校教师学历水平普遍偏低，具有高级职称的教师较少，在总体上不适应本科办学的需要。总之，无论是从学科、学历还是从职称的角度来看，高校的师资队伍都存在着明显的结构性矛盾，严重影响了教学质量和办学水平。

为了使师资队伍建设尽快适应学校发展的需要，新建的高校亟须依据自身的办学定位和发展方向，采取强有力的措施，多方面加大投入，促进师资队伍在学历、职称及学科上形成比较合理的结构。

3. 形成专业化优势是提升教学水平的保障

高校近年引进的博士和硕士毕业生，可以说在知识上已经具备了较高的水平，但是从专业化的要求来看，要想成为一位合格的教师，进而成为一位优秀的高校教师，还需要在职业训练、职业道德等方面进一步学习提高。因为教师的专业素养不仅指专业知识，还包括专业技能、专业情感和专业态度。所以，如何将大批新进博士、硕士毕业生的学历优势及中青年教师的职称优势转化为教师的专业化优势，是高校首先应该解决好的一个课题，自然也是高校面临的一项重要任务。

所谓教师专业化，是指教师职业具有自己独特的职业要求和职业条件，有专门的教师培养制度和管理制度。教师的专业性既包括学科专业性，也包括教育专业性。从国家的角度来说，对教师任职不但有学历要求，还有必要的专业知识、教育能力和职业道德的要求，而且这些要求会随着时代和社会的发展而持续不断地发展变化，教师需要通过持续不断的学习才能达到这些要求。正因为如此，教师专业化的时代才彻底改变了教师作为教书匠的传统形象，而要求教师成为以人的发展为本位的专家。也就是说，教师不仅要有学问，而且要有道德、有理想；不仅要有高起点，而且要终身学习，不断更新；不仅要成为学科专家，而且要成为教育专家，在教育思想理念、教育专业知识、教育基本技能、教育职业道德以及教育综合素质等方面真正适应时代和社会发展的需求。正是从这个意义上说，高校在师资队伍建设中应该充分利用上级有关政策，通过制定和完善学校的规章制度，进一步激发专任教师特别是中青年教师的积极性和能动性，尽快将自身的学历优势、职称优势转化为高校教师的专业化优势，以适应教育教学改革发展与高素质人才培养的需要。

（五）学生管理的作用

当今时代，青年人思维空前开阔但价值观却趋于多元，竞争意识空前浓烈，自信、张扬、独立、有个性，这些情况决定了我们要培养德智体美全面发展的高素质人才，就必须"坚持德育为先"。在日常管理工作中，必须真正形成知识能力培养与价值观念培育相结合、课内教育与课外教育相结合、外在服务与自我服务相结合、及时应对与长效机制相结合的学生思想政治工作的新格局，使学生管理工作真正成为全员育人、全方位育人和全过程育人的基础平台和能动性因素。

1. 高等教育大众化背景下对学生管理的要求

（1）更新学生管理理念。学生管理作为高校管理工作的重要组成部分，对教学特别是人才培养这一学校中心工作起着举足轻重的作用。随着高等教育大众化的不断发展和教育结构的更新调整，高校生源结构变得日益复杂，高等教育市场化办学带来的教育理念和教育主体意识的时代性发展，使学生管理工作面临新的挑战。特别是对高校来说，如何根据学校的办学定位和人才培养的结构性改革，创新学生管理理念，改进学生管理工作，不但是现实的客观要求，而且成为新形势下做好学生管理工作的必要前提和逻辑起点。

大学最根本的职能和最核心的价值体现在人才培养上，通过思想政治理论和学科专业理论的教学以及实践能力的培养促进学生全面发展，是必须坚持的基本方针。依据德育为先、能力为重、全面发展的原则，学生管理工作应该注重学生整体素质的提高，注重为学生创造能充分、自由地施展才华和发展个性的空间。

具体来说，只有以培养社会需要的高素质应用型人才为中心任务，既把学生视为接受教育的对象，又把学生当作管理服务的主体，既严格规范管理，又重视教育引导，既体现社会主义的整体教育质量目标，又充分保障学生的个性权益，才能从根本上冲破人才培养模式改革创新的"瓶颈"，进而构建起适应学校办学定位和人才培养目标的新的培养模式，真正培养出既符合教育方针规定的共性质量标准，又能体现出社会市场所需的个性特色的人才，使学生毕业后真正为社会所接纳，并转化为生产力，进而真正发挥为社会服务的作用。

（2）创新学生管理模式。学生素质的基本特征是多层次性和复杂性，因此，针对现实情况，围绕着成人成才的中心目标，坚持整体性、系统化的管理思想，真正由过去的注重结果的管理转向注重过程的管理，将管理覆盖到每一个过程，控制到每一个环节，规范到每一个步骤，落实到每一个人员，是至关重要的。

因此，要坚持系统化的管理理念，注重整合和利用各种资源，特别是在整合利用各种资源方面，要采取措施充分调动全体教职工的积极性。针对各个年级学生的不同特点和不同个体的特征，真正构建起以专职学生管理人员为主体、广大教职工和全体学生积极参与的全员学生管理的优化系统。

（3）构建新的学生管理关系。实现教育教学管理的较高境界，是以实现以学生为中心的管理原则为前提条件的。具体来讲，就是以学生为中心来探讨教学质量标准，按照高素质应用型人才结构来制订教学计划、授课大纲和评价体系，围绕使学生充分发挥学习自主性来构建新的课程体系。通过不断的改革创新，促进学生管理向学务管理转化，转变把学生视为管理对象的传统观念，建立起学生是服务对象的新的管理理念。

以学生为中心的管理理念，要求学生管理工作必须坚持尊重学生的原则，这是做好这项工作的基础。所谓尊重学生，即尊重学生的主体意识、情感世界和个性发展。从这个角度来讲，做好学生管理工作的关键是注重与学生的积极交流与沟通，及时了解学生的思想、学习和生活情感状况，进一步讲就是要将学生管理具体化为学务管理。这就要求管理者强化服务意识，将学生管理工作的重心不断下移，积极创设有利于学生管理的心理条件与环境。

做好学生管理工作必须研究新形势下学生管理工作的规律和特点，注意采取激励主体能动性的方式方法，譬如采取时事激励、情感激励、榜样激励等手段，使管理工作事半功倍。具体分析高等教育结构的变化与调整就会发现，高校所招收的学生成分更为复杂，生源特点与过去相比发生了明显的变化。因此，学生管理必须根据高等教育结构的变化，具体分析学生的时代特点，从时代大背景出发，立足于学校实际，结合学生现时状况，进行改革创新。要敢于对不适应社会需求的管理内容和管理方式进行改革，进而树立起新的学生管理理念。

2.学生管理人员在全员育人中的主体能动性

（1）专职学生管理人员素质形象对工作的影响。校团委、学工处的工作人员和院系党总支副书记及团总支书记等，作为不同层面的专职学生管理者，其品德、学识、个性等对学生所形成的综合影响是巨大的。

从总体上讲，新时期的学生工作者必须具备现代、睿智、青春、向上的形象特征，与市场竞争相适应的公开、公平、公正、合理等现代管理观念，时间、效益、民主、科学多维一体的思维模式，乐观向上、充满活力的主体形象，在工作中真正做到尽职尽责、乐于奉献，作风正派、善良朴实，正直坦诚、豁达大度。这一切汇集起来会形成一种人格魅力，这种人格魅力作为"身教"的宝贵资源，对学生的人生观、价值观、审美观等会起到潜移默化的塑造作用。进一步说，只有综合素质高、人格魅力强的学生管理者，才能赢得学生的信任和尊重。因此，渊博的知识和深厚的人文素养，善于汲取新知识、新观念来充实和更新自己，努力提高个人综合素质，是对学生管理人员的基本素质要求和能力要求。

因此，提高自身的心理教育水平便成为学生管理工作者的重要任务。只有不断加强有关心理学、教育学等专业知识的学习，注重加强心理辅导能力的实践锻炼，才能比较准确地掌握青年学生的心理特点，做学生的良师益友，随时解决他们的心理问题，有效地完成岗位所赋予的职责任务。这是时代发展对高校学生管理工作者的要求。

（2）创新工作理念是做好学生管理工作的保障。学生管理人员要通过对管理模式、管理手段和管理方法的不断创新，进一步增强学生管理工作的影响力和征服力。要让学生日常管理工作成为教学质量规范化管理运行机制中的有机组成部分，对提高教学质量起到有力的促进作用。

首先，要求学生管理人员真正树立一切为了学生的理念，围绕人才培养结构，以学生自身资源开发为目的，形成促进人才培养结构优化的系列活动。

其次，探索新的管理方式，将校园文化活动构建成不同形式的教育载体。

最后，不断拓宽毕业生就业指导工作的途径，使这一工作不但对学生就业起到积极的促进作用，而且通过社会调查、人才质量检测和评价对教学质量规范化管理体系的改进提供反馈。

与此同时，还必须注重在管理实践中不断改进学生管理模式，定期对学生的状况进行调查分析。无论是哪一级学生管理岗位，学生管理工作的落脚点都必须是引导和促进学生自我管理的主体能动性。换个角度说，通过开发和利用学生自身的管理资源，促进人才培养运行过程的优化，进而提升人才培养质量，这是最具有现实意义的学生管理工作改革和创新目标。

三、应用型人才培养规范化管理的保障体系

教育规范化管理机制质量保障体系能保证教学质量管理的运行始终处于规范化的基础之上，从根本上保障教学质量管理的科学性、先进性和有效性。

（一）规范化的系统管理

系统是由相互联系、相互作用的若干要素构成的有机整体，它通过开放的、不断优化的结构之间的相互作用来维持自身的平衡状态。把这一理论应用于工商企业的管理，进而形成了系统管理学派。

1. 管理的优化运行是多功能相统一的过程

（1）规范的管理必须形成以教学为中心的系统，系统的建构过程实际上就是从不同的角度和层面对事物之间的结构进行有利于整体运行的调整。从系统论的角度讲，事物的性质是由结构决定的，因此，所谓系统的管理，就是着眼于整体与部分之间、整体与外部之间相互联系、相互作用、相互制约的关系，综合精确地研究事物的结构性关系，从而使管理达到最佳化的一种工作模式或方式方法。系统的管理方式具有整体性、全面性、结构层次性、相关性、动态平衡性等特点，它从深层次上反映了现代科学和现代管理整体化、综合化的发展趋势。从管理主体的角度讲，以系统管理的理念为指导，对人才培养的教学规律和实践进行系统建构的过程，实质上就是一个创造的过程、创新的过程，因此也是教学质量管理规范化、制度化、科学化的过程。

高等学校的一切管理工作都必须树立以教学为中心的整体观念、以师生为对象的服务观念和以规范为准则的科学观念。按照高等学校以培养人才为中心的职能特点，学校的各项管理工作之间就不能是并列的、各自独立的关系，而应该是以教学为中心形成的、从不同的角度和层面服务于教学的系统结构关系。系统结

构不同于一般性结构，按照系统论和结构主义的原理，组成系统结构的每一个个体的作用和价值不是由其自身决定的，而是由其在系统中的结构决定的。具体到一所学校来说，它是由各个子系统围绕着教学这个中心组成的总体运行系统，各个子系统的各项管理工作（包括教学管理工作）的作用和价值是由其在系统运行中的结构特征决定的。

换言之，只有在以教学为中心的系统结构中找准自己的位置，与其他子系统组成整体优化的系统结构，子系统才能体现出自身的作用，才能实现自己的价值。反之，如果离开系统结构将自己独立起来，子系统本身将变得毫无意义。因此，真正科学化、规范化的管理必须形成以教学为中心的系统。人才培养的质量管理工作只有形成以教学为中心的运行体系，才能真正实现管理过程的有效性。

（2）管理系统各部分必须形成相互促进的关系。系统管理以目标为中心、以系统平衡状态为原则，规范内部各子系统的职责任务，进而充分发挥个体要素和子系统作用的优化运行特征，决定了系统中的每一个子系统，都不可能无视整体运行目标而独立运转。换言之，子系统只有正视自己在系统运行中的恰当地位与作用，才能在不断优化的结构运行中促进系统的整体效率的提高。进一步讲，整体目标是构成系统运行结构的主要依据，系统中各个部分的性质和职能是由它们在整体结构中的地位决定的。因此，组成系统的各个要素的活动必须受到整体的制约，才能形成一种真正的合力。

教学工作作为高校培养人才的主要手段，在人才培养系统中的关键性地位是显而易见的。因此，它在整个运行系统中处于中心地位，对系统中其他要素具有主导作用。当然，随着人才培养模式的不断改革，系统的结构状态会不断发生变化，譬如随着实践教学的不断强化，教学资源中硬件保障部门的工作在系统结构中的地位和作用便会相应提高。为了保持整体系统运行的和谐有序与不断优化，系统的结构状态会随着自身的发展而不断调整或者更新。但是，不论如何调整，教师的"教"和学生的"学"作为双向互动交流的主体构成是不变的，所以，教学质量管理系统的各部分必须始终围绕着"教"与"学"的活动形式的变化进行自我调整。系统中的各个子系统只有依据开放性、整体性和层次性的结构观念，主动围绕结构中心进行自我调整，进而形成相互促进的关系，才能适应教学大环境的需要，发挥自身的作用。

学校作为一个整体，是事物运行所形成的一个大系统。在这个大系统中，只有重视整体与部分之间、整体与外部之间、部分与部分之间的相互联系、相互作用和相互制约的关系，才能保障系统本身的优化运行。具体到整体与部分之间的关系，不论哪一项管理工作或者哪一个管理体系，都不能脱离这个以教学为中心的大系统。如果脱离了大系统的向心力，形成封闭的运转体系，那么不论这个体系多么完备，相对于学校的运转与发展而言，它都很难体现出自身的价值。一旦脱离了整体的系统结构，则子系统的运转不但不能形成对大系统的促进作用，反而还会形成离心力，直接影响系统的优化运行。按照这一系统论的观点，可以得出这样的结论：学校一切职能部门的基本职能都不是孤立的，只有围绕自身所在的系统有序运行，才能起到促进整体目标实现的作用。

高校办学要保证教学工作在人才培养系统中的中心地位，除了领导高度重视、经费优先投入、政策规定体现之外，在具体的运行过程中，各个职能部门还必须围绕育人开展工作，自觉主动地为教学服务。学校所进行的一切活动，包括思想教育和后勤服务等，都是为了保障教育教学活动能够正常有序的开展。无论从存在意义上还是从功能作用上讲，这些工作都必须服从和有利于学校的中心职能。学校的中心职能是培养人才，而培养人才的主体活动是教学，所以，按照系统结构的观点，学校各个职能部门和各项管理活动只有通过在系统结构中对教学工作起到促进作用，才能真正体现出自身的价值。

2. 管理创新在于建立开放有效的运行体系

（1）建立以系统为载体的质量保障运行体系。对于加强高等学校教学工作，强化整体性观念是十分重要的。按照系统思维的目的性特征，任何系统的建立都具有一定的目的性，都是为了实现一定的功能。所以，当在传统体制下设置的管理部门的工作目标与新的人才培养目标发生方向性偏差，特别是在职能实施中显示出矛盾状态时，就有必要按照系统思维的方式进行调整更新，通过结构性改革构建有利于新的培养目标的办学运行系统。

从本质上说，新的运行系统的构建体现在目的性功能上，必须做到各职能部门在人才培养的质量目标上协调统一。具体来说，就是以培养高素质人才为原则，围绕三个层面的人才培养的质量目标，实现四个方面的质量考核过程的优化运行。优化运行的基本表现，即是与教育教学工作直接或间接相关的职能部门紧密配合、相互协调，共同对人才培养过程起到全方位的保障与促进作用。

除了系统的目的性功能之外，了解与把握系统本身的相关性、整体性和层次性特征，对保持各部门之间的能动性整合与协调状态也是至关重要的。系统的相关性指的是系统内的各要素要牢记自身的每一个行为或改变都会影响到其他要素的作用力的发挥，甚至会对整体系统产生决定性的影响。"木桶理论"不仅提醒人们不要做那块最短的木板，它的延伸意义还在于组成木桶的木板之间必须结合紧密，形成"密不透水"的合力，只有这样才能使木桶发挥盛水的作用，进而真正使每一块木板体现出自身的价值。

总之，系统既不是各个要素的简单相加，也不是随心所欲的自我集合，它的效益是按照整体目的，基于相关性、层次性的结构特征，各要素相互依赖、相互促进地集合在一起而实现的。具体到学校众多的管理部门来说，只有通过有序调控和整体协调，使有关部门按照相关性、整体性、层次性的原则，共同形成有利于人才培养目标的优化结构系统，才能使各管理部门之间形成一加一大于二的整体性功能。

（2）质量保障运行体系保证了教学工作的中心地位。教学质量管理的最终目的是实现人才培养的质量目标，它的性质和功能决定了管理本身只是实现目的的手段。实施质量保障运行体系，使教学管理按照开放性的系统原则，将学校其他管理工作纳入有利于人才培养质量目标实现的系统结构之中，不但能充分发挥系统运行的整体性优势，调动其他管理部门更好地为教育教学管理服务，而且有利于发挥系统运行的环境适应性优势，在教职工中进一步明确人才培养是学校最根本的办学职能的观念，强化教学工作是经常性的中心工作，办学质量是学校生存发展的生命线的意识，进而创造有利于教学工作开展和教学质量提高的大环境。

从保障体系囊括的四大运行系统所体现的组织结构上分析，日常教学保障、教学质量监控、教育教学研究和专业教学评估系统的构建，可以说基本上涉及学校各个方面、各个层面的职能范畴，从而有利于使一些原先没有联系或联系不紧密的部门或单位改变过去那种孤立的工作模式，自觉地加入人才培养的大系统，成为大系统中的一个子系统，使自我的运转成为教学质量形成与提高的促进环节。这样一来，就能从根本上改变各管理部门只重视单因素评价与单层次运转的弊端，真正实现以学校的办学定位和人才培养目标为基础，调动起学校不同的工作系统和不同的工作层面，共同形成相互关联、相互支撑、相互促进和不断优化的运行关系，从不同的角度共同形成对日常教学的全方位质量保障运行体系。

（二）日常教学保障系统

教学工作是高等学校经常性的中心工作，其他各项工作都必须围绕着有利于教学的原则来开展。这一思想观念应当是学校的每一位管理者都承认的。教学作为贯穿办学整体过程的日常活动，本身具有能够相对独立运行的特征，具有一定的伸缩性，在各种硬性的突击任务面前很容易为其让位。当然，从整体上看，无论日常教学工作如何让位，表面上整个系统仍能保持常规运行状态，然而长此以往，必然会使教学自身的运行结构和环节受到损害，进而使教学质量受到实质性影响。因此，在日常办学过程中，如果不能形成以教学为主的全校统一的整体系统运行机制，各个部门都以自身的职能任务为工作目标，为完成阶段性目标或临时性突击任务，采取非正常措施将人们的精力和学校的财力、物力吸引到临时性工作之中，就很有可能出现今天这项工作成了中心、明天那项工作又成了中心的现象。因此，为了保证教学工作的中心地位在任何情况下都不动摇，必须构建日常教学保障系统。

1. 日常教学保障系统的构建及组织保障效用

（1）日常教学保障系统的构建与组织保障作用。所谓日常教学保障，主要是指为日常教学过程的所有主客体因素提供正常活动的外部保障。这一问题的提出与我国高等学校内部管理体制的现状有直接关系。从总体上看，高等教育已经真正进入市场化办学的运行状态，可学校内部管理体制还处在改革的起步阶段，由于各种复杂的原因，在很多方面进展缓慢。教育教学改革作为人才培养模式更新的手段，是学校内部的事情，是校长在职权范围内可以自行调控处理的。所以，为了适应市场化办学的需求，对于教育教学改革，高校必须大胆进行探索，促进改革不断深化。日常教学保障系统的构建，就是为了有效解决内部管理体制改革滞后于不断向纵深发展的教育教学改革的矛盾，以保证高校人才培养的中心职能和教学工作在高校中的中心地位。

校长在党委领导下全面负责学校的日常工作，是学校的法人代表，也是教学质量的第一责任人。在实际工作中，为了保证新类型人才的培养质量，可以在现有的组织结构框架内充分发挥自身职权的能动性与创造性，以教学为中心，将有关职能部门和单位组合成日常教学保障系统，以保障日常教学工作的有序进行。

按照高等教育的运行规律，对日常教学的保障具体可以分为教学条件保障、教学计划保障、教学运行保障、教学环境保障和教学观念保障等不同的侧面与层面。这些侧面与层面涉及学校不同的职能部门和单位，它们各自都有既定的工作职能。在不同领导的分管之下，如果按照既定的工作规则，涉及不同部门的事情有时还必须先经过领导之间的协调，然后才能由部门具体实施，这往往是日常教学工作所等不及的。因此，要使教学这一中心工作在日常运转中真正得到及时有效的保障，必须建立超越既定管理体系的特事特办、急事急办的保障系统。换言之，只有使有关部门和单位以保障教学为目标形成新的结构系统，日常教学的运行才能从根本上得到保障。

教学条件保障主要包括教学设施、仪器设备、图书资料、水电供应、运转所需经费等方面。在日常教学过程中，这些条件必须满足专业教学的需要，能适应教学内容、模式及方式方法改革创新的需求；在实施教学、实验和实践训练的过程中，教学场所和教学环境特别是仪器设备、水电供应等必须保证正常，或者出现问题能够及时解决，不影响教学进度和教学环节的质量要求。

教学计划保障主要是指从专业教学方案到教学大纲的制订修改，必须符合人才培养规格和人才结构目标。在这方面的保障标准要求有关部门必须根据社会发展变化对人才培养结构及质量目标的要求，及时组织有关方面对教学方案、教学大纲进行研制或者修订，并按时提供给具体组织教学的单位和任课教师；必须在教学运行过程中采取相关措施，使既定的方案和大纲顺利实施，并且对每一个实施环节按质量标准进行监控和检测。

教学运行保障主要是指在日常教学过程中，对运行过程中的每一个环节都要建立针对主客体因素的保障基础。具体来说，就是在管理的组织机构、有关的规章制度、质量的监控检测、各教学环节的运行规范等方面，都必须做到结构健全、目标明确，既有利于调动教学主体的主观能动性和创新积极性，又能保证包括产品（学生）输入和输出环节在内的整个教学过程按既定的质量标准优化运行。

教学环境保障与教学观念保障是相辅相成的。教学环境保障既包括小环境也包括大环境，既包括软环境也包括硬环境，涉及教学场所的安排与布置、教学时间和空间的使用效益、教学大环境的治安保卫等方面，这一切都直接或间接地影响着教学运转过程的质量实现。教学观念保障涉及方方面面，如教学人员、教学资源环境管理人员、教学管理人员及学生管理人员，还有校园内与教学发生直接或间接关系的行为主体。这些人员的教学观念会共同形成一种校园文化氛围，这种氛围是影响教学过程及其质量实现的重要因素。因此，必须采取措施，使其对教学质量起到支持和保障的作用。

广大教职工对教学工作的地位和作用的认识、对教育教学质量的理解、对人才结构和培养模式改革创新的接受度等，都能形成一定的校园文化氛围，进而影响教学的改革与发展。宣传部门在这方面担负着较大的责任，如何按照党和国家关于高等教育发展的方针政策，结合高等教育大众化发展的时代特征，面向广大教职工大力宣传本科院校的办学定位和发展方向，让大家理解人才培养模式改革的必要性，认识保障教育教学质量对学校发展的重要性，就显得非常重要。诸如通过广泛的宣传工作促进良好教风、学风、校风的构建和培育等，能共同形成有利于教学质量保障的校园文化氛围，进而对教学工作起到有力的保障作用。

（2）日常教学保障系统的结构内涵及工作原理。日常教学保障系统作为学校既定体制运行规则之外的特殊性、应急性的运行体系，属于校长在教学质量第一责任人的职权范围内构建的临时性机制。为了使有关部门和单位在日常教学中真正担负起质量保障职能，这一保障系统最好以校长办公室为总的协调和牵头部门，教务处作为在校长和分管校长领导下管理协调全校教学工作的职能部门，主要负责对教学保障工作各环节具体情况的处理和检查。日常教学保障体现在教学过程中，内容应包括课堂教学、学生自习、实践教学、实验实训、考查考试和学生课外所从事的与教学有关的一切活动。

根据高等学校通常的机构设置及职能规定，其责任部门及单位除校长办公室和教务处以外，还应包括宣传、团委、学生工作、后勤管理等单位。这些部门和单位能否尽职尽责，特别是能否及时有效地处理日常教学中出现的问题，不但会影响院系日常教学的运转情况，而且会在很大程度上影响学生的自我学习和自我设计，特别是在实践训练和实验教学等对教学资源环境要求比较具体的环节上会直接影响教学质量。

在日常教学过程中，院系作为组织和实施教学的最基本的单位，在教学组织和管理上经常会在教室用电、设备运转、仪器维修和信息传输等方面遇到一些临时性的故障或困难。解决困难、处理故障或者采取一些临时变通的措施，往往要涉及人、财、物的管理部门。实施日常教学保障系统的工作模式，在保障日常教学运转的单一职能层面上，按照特事特办的运转结构组成相互监督和促进的系统，在校长办公室的总体协调下，为保障日常教学形成一种新的结构关系。换言之，这种结构关系的运转协调机制只有一个单纯的目标，那就是保障日常教学工作。它任务单一、目标明确、责任具体，绝不会出现推诿扯皮、渠道不畅、拖延误事的情况。

譬如有关人、财、物的管理部门，它们的工作职责所涉及的部门和单位是多层面、多结构的，如果按照惯常的工作规范运转，有很多事情必须走程序、等时间，而如果按照学校一切工作都必须服务于教学的指导思想，就可以将其保障日常教学运转的部分职能抽出来纳入日常教学保障系统的运行结构之中，直接在校长办公室的协调下运作。这样的结构运行能做到专人专事、目标明确、职责单一，能保证信息渠道的畅通，便于与有关部门相互协调，使院系反映的情况能及时有效地得到解决，也就能保证人才培养系统的正常运转，保障教育教学质量的如期实现。

2. 日常教学保障系统的结构功能与组织机制

（1）结构功能对日常教学工作的强化。日常教学保障系统是一个包含应急性处理的运行系统。为加强对这一系统工作的领导，学校可以成立以分管校领导为组长的日常教学保障系统领导小组，具体领导和研究日常教学保障工作，解决有关问题。日常教学保障系统的责任部门和单位，在保证自身正常职能范围内的工作正常开展的同时，及时接受和处理日常教学工作中的突发问题。这种将职责工作具体化、措施化，将具体工作日常化、责任化的方式，本身就是对教学工作的一种强化。当然，这种强化可以从不同的角度去促进，包括提高部门负责人和工作人员的思想认识，采取宣传、教育、组织、鼓励等措施，但这样做起到的往往是孤立地就事论事的效用。事物的性质是由结构决定的，将有关部门和单位在日常教学保障的功能层面组成一个系统，就从事物的结构性意义上决定了这种保障功能的稳固性。

作为一种富有独特结构意义的系统功能，日常教学保障系统决定了对日常教学工作的强化不是临时性和偶然性的，而是结构性的。结构性从本质上决定了事物的有效性。与此同时，这种系统效用的运行过程还能从实践层面上真正改变人们头脑中"教学管理只与主管领导和教务部门有关"的意识，使保障教学变成大家共同的责任与期望。涉及保障系统的各个部门和单位，应该明确其在日常教学保障中的具体责任。譬如，校长办公室的责任除了做好系统内部各部门和单位之间的协调工作之外，还要及时安排好有关的教学工作会议，协调好与教学有关的全校性活动等。如此一来，教学工作就不可能再因为全校性的活动而受到冲击。

宣传部门按照组织机构分类，是党委下设的工作机构，然而将宣传部纳入日常教学保障系统之后，系统的结构性意义又赋予其对教学工作更多的保障性和服务性功能。除了在学校统一安排下与教务处相互配合，进一步促进思想政治课和政策形势课教学的改革创新以外，包括校内外的宣传报道等在内的各项工作也要更有利于强化符合教学日常运行和教学改革需要的规律性认识，促进由对教学工作的表层宣传向研究型的深层宣传转化，真正营造出一种有利于教学的内外部环境。这可谓是对日常教学的一种深层次保障。

教务处作为按照学校赋予的职权行使教学教务管理职能的部门，在平时行使教学组织协调、指导和教务管理职能的基础上，会更多地将工作转向对教学过程和教学质量的监测，进而由事务管理转向过程监控和质量反馈式的规律性、研究性管理。

其他各有关部门和单位及其职能，主要包括团委、学生管理部门对学生的日常管理、公寓管理及劳动实践课的管理，后勤产业管理部门对水电供应、教学场所和有关设施的维修保护，人事部门对师资配备及兼职教师聘任的管理，国有资产管理部门对教学设施和实验室及有关设备的维护，财务管理部门对日常教学经费开支的保障，安全保卫部门对教学环境和教学场所的安全保卫，图书馆对师生图书资料借阅、报刊阅览和自习室的管理等。日常教学保障系统的运行实施细则和职责要求，都会使这些部门和单位常规的职能在保障教学的层面上更加具体化、明确化。特别是这些部门和单位直接对院系做出的承诺，譬如面向全校公布的直接责任人和联系电话等，会进一步显示出制度和机制强化所产生的特殊效应。在组织制度监督和师生监督的基础上，能促进职能部门与师生之间的直接联系并在这种联系中提高服务意识，从各个环节和不同层面对日常教学起到全方位的保障作用。

（2）利用组织机制促进保障系统形成运作规范。日常教学保障系统组成部门和单位的主要责任人，是日常教学保障的第一责任人，为了有利于突发事件和特殊情况的处理，第一责任人可以指定具体的负责人来负责处理和解决临时性的事故与问题。为切实做到保障到位，教务处应该从日常教学检查和质量监控的角度，选择专门的工作人员负责对各工作环节的检查督促，通过电话、网络、教学信箱等不同的方式，为教师和学生搭建起及时反映问题与获得反馈信息的渠道。当然，这里所指的问题不仅包括日常教学过程中的硬件条件，还包括软件条件，譬如对人才培养方案的执行情况、教学计划的落实情况、教学大纲的适应性，以及第二课堂的开发和实践教学环节的构建情况等。教师和学生都可以随时通过电话、网络、填写教学信息表等方式发表自己的意见和建议，对需要解决的问题进行反映，并对问题解决的情况进行满意度评价。评价结果应作为考核职能部门和单位的重要依据。

作为全方位、多角度地保障日常教学工作正常运行的系统，日常教学保障系统是以保证人才培养的过程质量为核心、以教育教学过程中的各个运行环节为重点、以满足"教"与"学"双方的主体活动需求为目的的服务性管理系统。被纳入这一系统的职能部门和单位，依照自身的职权范围和职责目标遵循及时有效地为教学服务的原则，组成合理有序的系统结构，从而形成相互协调、相互促进的运行机制。

在具体的工作过程中，为了增强保障日常教学的自觉意识和主观能动性，必须依据各有关部门和单位的管理权限将目标任务具体化为岗位工作的质量标准，落实到实际的工作环节之中，以检验该部门、该单位与日常教学相关的管理和服务工作，促进各工作岗位切实做到高标准、严要求，真正将保障学校日常教学作为平时工作的重心。对日常教学中基层教学单位和师生反映的问题，不论存在于哪个环节，都必须做到反映渠道畅通、有求必应、处理和反馈及时。对于本部门、本单位难以独立解决的重大问题，应及时提交领导小组研究决定。

从总体上看，这样的工作机制目标统一、责任明确、要求具体、运行规范，不但能促进保障系统的不断优化，而且有利于职能部门和单位在平时的工作中强化以教学为中心的理念，促进"人才培养是高校的首要职能""教学工作是学校经常性的中心工作"思想的全面落实。特别是在高等教育结构转型的形势下，人才培养模式不断更新，教育教学改革日益深化，而高校内部管理体制改革只能稳步推进。要有效解决传统体制与探索创新之间的矛盾，通过构建日常教学保障系统探求新的组织结构功能，通过规范化的过程质量管理构建人才培养的全新机制，既是必要的，也是科学可行的。

（三）教学质量监控系统

教育教学质量是由人才培养工作从输入到输出的全过程决定的。在这个过程中，为了保证行为与最终目标之间的协调性和符合度，需要建立与培养目标相适应的教学质量保障体系。质量保障体系具有质量决策、信息预警、目标激励和过程调节等功能，是对教学工作进行全过程、全方位的质量监控与保障不可或缺的教学要素，质量监控则是质量保障体系中最重要和最基础的工作环节。质量监控是以一定的质量标准为依据，通过对产品生产环节的过程质量进行监督和控制，进而保证产品最终质量实现的一种管理手段。教学质量监控则是通过对教学质量形成过程中各个环节的监督检查，及时发现存在的问题并加以解决，进而运用一定的控制手段，使教学按照既定的质量标准和运行规范有序进行的管理手段。

从质量保障的角度来说，教学质量监控是规范教学程序、实现教学目标必不可少的环节，是科学化和规范化管理必不可少的重要部分，是实现教学过程不断优化的重要措施。教学质量监控系统是保障监控工作的科学化、规范化和正常化的必要组织结构。高等学校教学质量体系包括目标体系、组织体系、方法体系和制度体系等重要部分。教学质量监控系统将目标体系、组织体系、方法体系和制度体系的有效功能纳入现实的运行系统中，使其功能经过系统结构的优化，从不同侧面和层面保障质量监控的及时性与有效性。

1. 教学质量监控系统的组成因素与功能特征

（1）质量监控的目标体系。目标管理注重管理的结果，一般不对行为本身进行过于专业化和程序化的监控。它是将管理组织要达到的目标与从事各项管理工作的人员的职责密切结合起来，从而形成一种人人参与、全程负责、全面落实的管理方法。目标管理所体现出的全员参与性、过程完整性、运行的可持续性和组织的科学性等特征，恰恰是比较完善的教学质量监控模式的结构特性。从本质上说，教学是一个既完整又开放的过程系统，教学质量的实现是教学管理、教师、学生、教材、教学设施和设备等诸多因素共同作用的结果。换言之，人才培养的最终质量目标是由教学过程中诸多的子目标构成的，当然这些子目标并不是孤立的，而是围绕着总体目标的实现所形成的一个有机整体。

如果将教学的最终目标进行分解，那么在不同层次、不同阶段和不同环节都会形成不同的子目标，这些子目标在方向上与总体目标保持一致，形成一个相互联系、相互影响的目标体系。质量监控的目标体系正是以人才培养过程的目标体系为依据，紧紧把握住影响和控制质量实现的关键性过程，即人才培养的目标定位、结构模式、教学方案和课程设置等，构建形成的阶段性目标监控体系，具有整体性、相关性、层次性和动态性等结构特征。因此，教学质量监控的目标体系涉及教学全过程的不同阶段和不同层面。从实质意义上说，质量监控的目标体系具有整体性与相关性效用，能避免利用几个监控点的质量来代替整个教学过程质量的弊端，进而避免走入以偏概全、急功近利等偏离教学总体目标的监控误区。

教学质量目标既是教学质量管理工作的行为目标，又是质量检查和评价的标准。教学质量监控的终极目的是促进人才培养过程体系的不断改进和优化。具体到本科教育来说，培养高素质的人才是学校必须明确的办学目标定位。作为本科高校，人才培养的目标结构不但从根本上决定了具体的人才培养模式，而且从教学环节上决定了教学模式、教学方法的改革方向，而以上这些方面的改革又会影响到各个教学环节质量标准的确定。所以从实质上说，质量监控的目标体系是以学校具体的办学定位和人才培养目标为出发点的，它结合学校人才培养的基本模式和具体的实施方法，通过有效的检验标准和监控手段，从教学的全过程、全方位上控制影响质量的各个环节，保障整体运行始终保持优化的结构状态。换言之，质量监控的目标体系所追求的最佳状态是促使人才培养从输入到输出的运行系统始终保持一种耗散结构状态，使其最大限度地发挥系统的结构开放功能与信息交换功能，以及平衡态与非平衡态的相互促进功能，以促进质量目标的形成过程处于一种最佳状态。

因此，坚持教学质量监控的目标体系必须认真研究教学质量总体目标与子目标之间的关系，根据实际情况对人才培养目标进行具体分解，以形成纵横交错、上下贯通、关系协调的教学质量监控系统，使质量监控更加科学化和具体化，更加具有可操作性。

（2）质量监控的组织体系。教学质量监控的组织体系，是促进教学管理体系实现其质量管理目标的载体，是保障监控系统按照既定的制度和目标正常运行的组织基础。根据不同学校的办学特点和机构设置，教学质量监控的组织体系会表现出不同的结构特征。但是，无论学校的办学定位、办学目标和人才培养规格有什么不同，只要是以培养合格的人才为目的，就必须把教育教学质量作为学校发展的生命线，重视建立办学的质量目标。要保证质量目标的实现，除了要注重办学指导思想、基础办学条件和其他有关教育资源的建设以外，还必须采取各种有效措施来保障教育教学的正常运行。要使既定的人才培养目标圆满实现，就必然要采取有效的监控措施。监控的内容当然要符合人才培养的结构特征和质量标准，而教学质量监控的手段和方式方法则是多种多样的。

从总体上说，要使这种监控更加符合教育教学的内部规律，高校首先必须认真研究人才培养的结构特征和质量标准，其次必须依据这种结构特征和质量标准确定具体的监控模式与方法手段。要使教学质量监控真正适应教育教学的基本规律，有利于促进人才培养从输入到输出整个过程的不断优化，就必须建立起符合办学规律和人才培养规律的监控体系，真正做到使监控体系以健全的组织体系为基础，充分发挥其内在的优势。

本科院校教学质量监控的组织体系应该包括校长、主管教学的副校长、有关职能部门及院系和教研室等具体操作执行的部门。根据不同学校的具体情况，质量监控组织体系的结构和形态可能有区别，但都应该针对督导、检查、监测、调研、评估、反馈等职能，或建立新的监控组织，或在原有组织机构中确定新的职能和责任，或根据工作需要组织临时性的工作班子，以满足对教育教学关键环节的监控需求。这种质量监控组织体系的作用有二：一是能促使教学工作按照人才培养的既定目标运行；二是能促使学校所有的部门和单位自觉形成以教学为中心的运行状态。

质量监控的组织体系强调的是组织结构的功能作用，不论学校的哪一个部门、哪一级单位，都要服从培养人才这一首要职能。所以，作为大系统中的一个子系统，只有在以教学为中心的系统结构中找准自己的位置，与其他子系统组成整体优化的运行系统，才能体现出自身的作用，实现自身的价值。因此，通过有组织、有目的的质量监控促使学校所有部门和单位自觉形成以提高教学质量为中心的系统运行结构，是质量监控的组织体系构建的核心意义。

（3）质量监控的制度体系。要实现监控的科学化、规范化和长效性，组织体系必须以制度体系为基础，因为制度问题更带有根本性、全局性、稳定性和长期性，建立完善的制度体系是保证教学质量监控体系规范运行的前提条件。不论是职责权限类制度、方案指标类制度还是综合规定类制度，都应该做到联系实际、切实可行。制度体系的构建应该以目标体系为依据，根据学校的办学定位和人才培养目标，结合高等教育的教学规律和学校自身的管理特点，尽量做到科学合理、符合实际，在此基础上不断提高具体化、精细化和量化程度，最大限度地提高可操作性，便于考核。

建立健全教学质量监控的制度体系，有利于从不同的层面、不同的角度全方位地规范教学工作。具体来说，质量监控的制度体系应该包括常规教学检查制度、日常教学督导制度、学生评教制度、各级人员听课制度、教学信息反馈制度、教学工作评估制度等。总之，只有将行之有效的质量监控方式方法制度化，才能使教学质量监控规范化，进一步提高其科学化水平，使监控更加有效。而只有使质量监控的制度形成体系，才能实现全方位、全过程的质量监控目标。

所谓全方位、全过程的质量监控，不但是指对教学的全面监控，还包括对以教学为中心的学校整体工作运行状态的监控，因为从事物运行的系统结构上分析，整个学校各个工作系统所形成的总体运行状态会直接影响教育教学工作的质量实现过程。教学工作在学校整体系统中处于中心地位，而其他方面的活动都是为教学的正常有序开展服务的，包括学校的各种管理活动和后勤服务活动，这些都是学校的知识活动的辅助活动。这种主从关系是不容颠倒的。所以，从人才培养的内部规律上说，只有健全质量监控的制度体系，才能从实质上促进学校各个子系统工作的规范化，进而形成整体优化的工作状态，保障教学质量和人才培养质量目标的实现，这是质量监控毋庸置疑的重要方面。

（4）质量监控的方法体系。教学质量监控的方法是否科学，直接影响到监控的准确性、科学性和成效。做任何事情，方法都是头等重要的，因为方法的选择及好坏直接关系到最后的成功与失败。方法正确，运用得当，工作的效率高，效果就好；方法不正确，效率就低，效果就差。科学的方法对教学质量监控来说是极为重要的。

教学质量监控的方法有很多，从宏观的角度来说，系统论的方法体系、控制论的方法体系和信息论的方法体系，经过优化选择都能运用于教学质量监控工作中。从中观的角度来说，集中监控与日常监控相结合、全面监控和重点监控相结合、专职机构监控与相关部门监控相结合、定性监控与定量监控相结合、校外监控与校内监控相结合等，都能衍生出功能不同的质量监控方法。从微观的角度来说，则可以选择信息采集方法、定量计算方法、定性认定方法、资料收集调查方法、抽样分析整理方法等。随着现代信息技术的不断发展，教学质量监控的方法会越来越多。

以教学督导为主体的全方位、全过程和多层次的教学质量监控体系，从学校质量监控指挥决策、教育质量评估信息收集整理到人才质量评价信息反馈，再到人才培养模式改革创新，在实践中逐步形成了教学督导、教学评价、教学决策、教学组织等各环节协调统一的人才培养系统的管理方式，使教学质量监控真正起到了把握教学状态、控制教学过程、及时反馈信息的作用。在学校教学指导委员会指导下，教学督导组织、教学评估组织、教学信息收集整理组织与有关的职能部门协同工作，能基本实现学校、学生、专家和各级教学管理人员等多角度、立体化的评价监控，使人才培养系统的运行过程质量和工作环节质量得到全面、全程、及时、有效的监控。在监控过程中，通过采用切合教学实际的监控方法，包括应用现代教育信息技术等现代化的监控方法，能不断促进教学内容的改革和教学资源的优化，使专业建设、课程建设、课堂教学、教学实验、专业见习与实习等教学条件和教学环节严格规范地按照质量标准运行，从而为保障人才培养质量奠定基础。

2. 本科教育教学质量监控的"3+3"模式

（1）"3+3"模式及其科学性。质量监控是高等教育教学质量管理的重要方法和手段，而教学质量监控模式的构建则是决定这一方法和手段是否具备科学性与现实性的重要因素。特别是在高等教育大众化的社会环境下，教学质量监控的起点和最终目标随着学校办学定位的不同而有明显的区别。新建本科院校需要通过构建符合自身办学定位和培养目标的质量监控模式，形成科学、规范、高效的运行机制，进而为不断提高人才培养质量提供运转动力和组织制度保障。

具体来说，由于教学质量监控模式的构建涉及教学工作的各个方面、各个环节和整体过程，影响到与教学直接或间接相关的各方面的有效因素，所以要建立符合学校实际的科学有效的监控模式，不但要认真研究教学本身的运行规律和特征，还必须认真研究教学质量观念、教学组织结构、教学管理模式等方面的现状和发展趋势，进而从思想方法、策略目标和应用手段等方面构建起真正符合学校办学实际和人才培养目标的质量监控模式。

教学质量监控的应用模式离不开质量监控的主体和客体两方面。从主客体两方面分析，教学质量监控的"3+3"模式比较符合办学实际和人才培养目标。所谓教学质量监控的"3+3"模式，主要是指教学质量监控在主管校长领导下，由教学指导委员会宏观指导、教务处组织执行、院系具体实施、有关部门积极配合，通过三种渠道对教学工作的三个层面进行监控。

教学工作包括三个层面：①教学基础层面，包括教学计划制订、教学大纲编制、教学条件准备、教师的业务水平等；②教学过程层面，包括教案编写、课堂讲授、考试考核、成绩评定等；③教学效果层面，包括综合体现学生成绩的各个方面指标、社会用人单位反馈的信息等。

为了实现质量监控的日常化、全面化和规范化，从监控主体的角度可以通过三种渠道进行监控：①管理系统监控；②督导系统监控；③信息系统监控。这三种渠道的监控各有侧重，三者相互配合，可以对教学工作形成全方位、立体化的监控网络，从人才培养整体过程的运行环节上保障教学质量按照既定的目标形成，真正使质量监控在教学管理中发挥其基础性、过程性和全面性的保障作用。

（2）管理系统监控的决策支持和制度保障优势。管理系统监控主要通过学校领导、教务处及有关部门、各院系、教研室的垂直管理线，形成对教学活动的指挥、执行、实施、检查等多项职能的监控体系。管理系统监控更多地体现出监控体系的组织保障功能。从主管校长、教务处及有关部门到院系、教研室，是学校教学工作由决策、领导、指挥到组织、安排、协调，再到执行、贯彻、落实的完整过程。就教学本身来说，教学管理也是通过这个组织结构形态实现的。就现行的监控方式和手段来看，教学质量监控最终是通过对教学活动与管理活动的效果和质量评价来实现对教学本身的控制的，因此必须遵循教学活动的规律。而管理系统监控正是借助教学管理的有利条件和平台，将教学质量监控与日常教学管理结合起来，利用组织保障这一优越的条件，把质量监控功能与教学管理功能融为一体，并使之相互促进、共同发展。

管理系统监控除了能使监控功能与教学功能相互结合、相互促进以外，还能借助决策支持和制度保障的优势，通过建立健全科学、合理且行之有效的管理制度来实现教学质量监控的功能，确保教学质量监控模式的有效性。譬如，几乎所有学校在教学有关制度中都专门突出了管理干部听课制度，对学校领导、职能部门主要负责人、院系负责人规定了具体的听课任务、听课范围、听课方式等。此外，教学管理人员还可依据制度规定的其他方法，通过学期检查、召开座谈会、专项调研等多种形式及时发现问题，做到对日常教学及时进行监测和调控。

（3）信息系统监控的环节具体性和客观规律性。为了不断完善教学质量保障体系，许多高校设立了专门的教学督导机构，建立了自主式教学质量督导监控模式。教学督导本是一种日常教学管理制度，其主要任务是根据人才培养目标和教学基本规律的要求，对教学活动及教学管理的全过程进行检查、监督、评价和指导，从而为学校领导和管理部门提供改进工作的依据。

教学督导工作需要发挥"督"的职能与"导"的作用。从工作的性质和运行规律上说，这就是一种教学监控。从组织结构上讲，教学督导机构与教学管理部门之间既有配合协调的关系，更有监督和建议的关系。教学督导则主要是通过对教学活动各环节和教学管理过程的质量进行监督、检查、评估、控制和指导，来促进教学质量的不断提高。因此，将督导系统监控作为教学质量监控中的一个体系，有利于从超越管理系统内部、更为客观的角度对教学质量的各个方面进行监督控制，进而为学校提供决策建议。

督导工作的内容和性质决定了督导工作行为主体必须具备较高的教育教学理论水平，有丰富的教学经验和管理经验。因此，一般来讲，为了保证教学督导工作的科学性和先进性，真正使督导对教学质量起到监控作用，无论是学校还是院系的督导员，都应该从教学及管理经验丰富的离退休教授、副教授中选聘。除了工作需要，院系也可从在职的适合人员当中选聘。从总体上说，教学督导人员必须具备较高的个人素养和业务素质，忠诚于党的教育事业，熟悉教育教学规律，特别是对新建本科院校来说，还必须具备较强的教育教学改革意识，能自觉认真地研究本科教育的教学规律，正确认识人才的培养结构和培养模式，能够根据新的人才结构特征掌握和探讨新的质量标准。

在具体监控环节和运行模式上，在分管校长的领导下，有条件的学校最好成立单独的教学督导管理机构，当然也可由教务处负责协调管理。按照质量监控的"3+3"模式，督导员的主要职责是监督、检查、指导院系专业教学方案和课程大纲的制订，检查教学计划执行情况和教学过程、教学环节的质量标准落实情况，对教学中存在和发现的问题提出意见和建议。除此之外，还要根据需要定期参加教学检查和教学评估活动，以便具体指导院系的专业建设、课程建设、制度建设、实验室和图书资料建设等。

总之，各级督导组织必须依据学校和院系的工作安排，有计划、按程序地开展活动，并对督导情况及时进行总结交流。要根据教学改革和人才培养模式创新的需要，不断研究和探索科学有效的督导方式，积极配合日常教学的规范化管理模式。除了通过经常性的听课活动了解教学情况以外，积极采取专题巡视、专项检查、召开座谈会、查阅试卷和教学档案等多种方式，及时收集和反馈有关信息，真正使督导工作起到对教学质量进行及时有效监控的作用。

（四）教育教学研究系统

教育教学研究作为对教育教学工作在理论上的实质性探求和实践上的规律性总结，不但是高校科学研究和教学工作的重要组成部分，而且是与学校发展关系最为密切、对教育管理和教学改革的推进效应最为直接的创造性活动。

1.教育教学研究教学质量管理中的必要性

强调教育教学研究的重要性，适应了高等教育内涵发展和进一步提高教育教学质量的需要。此外，强调教育教学研究的重要性还有一个重要的原因，那就是在高校中普遍存在着忽视教育教学研究的倾向。教研成果在各类评审中往往变成了软性指标，得不到应有的重视，从而直接影响到教育教学研究在高校中的地位，导致教师对其重要性认识不足。

教育教学研究是高等学校科学研究的一个非常重要的组成部分，也是体现一所学校教师和管理人员学术性的重要方面。在高校的教学工作中，除了发现的学术水平、综合的学术水平以外，运用的学术水平和教学的学术水平也非常重要，这四种学术活动对高校整体功能都具有不可替代的作用。因此，围绕提高教学质量和人才培养水平，新建本科院校的研究必须强化为教学服务的思想，将重点搞好教育教学研究作为科研管理的重要任务之一。明确教育教学研究的指导思想和目标任务，全员强化教育教学研究意识，是本科院校促进教学质量和办学水平不断提高的重要措施。

2. 教育教学研究在教学质量管理中的重要作用

（1）加强战略研究与管理研究的重要性。按照本科院校的办学性质和发展方向，目前教育教学研究应该紧紧围绕培养高素质人才这个中心，以提高教育教学质量为核心目的，以有利于学校发挥优势、突出特色、增强实力、创建品牌为基本导向，通过对教育教学理论和实践的探索研究，实现办学理念的不断提升和思想观念的适当超前，在市场化办学的自觉性和能动性得到强化的过程中，使办学能力、办学效益和办学水平不断提高，进而促进学校持续快速健康发展。依据这一指导思想，从目标任务上讲，教育教学研究从宏观上可以分为三大方面：一是关于教育教学的战略性研究，涉及学校的发展方向、办学定位、培养目标等；二是关于教育教学管理的研究，涉及教学运行环节和过程、日常教学保障、质量评价和监控体系、以学生为中心的教风学风等；三是关于教育教学自身的研究，涉及人才培养结构和课程体系建设、教学内容方法、课堂教学改革等。

关于教育教学的战略性研究直接影响到学校的发展策略和办学定位，是一项十分重要同时也非常紧迫的工作。在这方面，首先需要厘清的是本科办学理念问题。几乎所有的本科院校在举办本科教育之初都会开展关于本科办学理念的大讨论，其目的也正是解决这个制约学校办学的关键性问题。因为办学理念实质上是对如何办好大学和办一所什么样的大学的高度概括的理性认识，一所大学的办学理念确定后，会直接影响办学的整个过程和各个方面，并对教师、学生和管理人员的目标追求、行为实践起到导向作用。可以说，办学理念从根本上决定着一所学校的办学风格和办学特色，并通过与之相联系的学风、教风和校风，从深层次上影响学校的办学水平和教学质量。所以，通过认真研讨使全体教职工树立起正确的符合学校实际的办学理念是十分重要的。

要使高等教育保持引领时代思潮的活力，真正起到推动社会发展的作用，确立具有时代先进性的办学理念至关重要。而要确立正确的办学理念，就必须认真研究时代对高等教育的要求，具体分析学校办学实际。具体来说，高等学校必须适应办学性质和功能的时代性变化，结合当前的办学目标和任务，冲破旧经验的局限，在实践中自觉地确立科学的、与时代发展相适应的办学理念，并通过教学管理的制度化和规范化将其落实到办学过程之中。从总体上说，做好学校的发展战略研究，树立以人为本的办学理念，不但对学校的实际办学具有指导性意义，而且对学校沿着正确的办学方向发展具有长远的历史意义。在高等教育发展的关键时期，只有做好学校发展的战略性选择，找准学校定位，认清发展方向、培养目标，才能适应社会发展，在市场化竞争中站稳脚跟。

教育教学管理研究对本科院校来说，理应成为每一位教学辅助人员、教学管理人员和学生管理人员的重要任务。在这方面，新建院校需要研究的课题有很多。对新建本科院校来说，最重要的是搞好教学管理，规范管理是保证教育教学质量的前提。在确立正确的办学理念、办学定位和发展目标的基础上，结合办学实践，认真探讨教育教学管理机制和特色，是尽快实现办学效益和学校跨越式可持续发展的保障。

（2）关于教育教学自身的研究是教学改革创新的驱动力。关于教学研究，是教育教学研究的重点和核心，一所学校教学研究的水平会直接影响教师的教学水平和教学管理人员的管理水平。从高校办学的实际情况来看，教学研究是保证教学质量不断提高的基础，特别是对任课教师来讲，加强教学研究是专业化的必然选择。

首先，只有进行教学研究，才能促进自身的教学能力不断提高。一位出色的教师必然是教学能力强的教师，教师的教学能力在提高教学质量的过程中具有举足轻重的作用，是教师进行教学工作创新的必要条件，是增强教师说服力和感召力的关键因素。要提高教学质量，必须提高教学能力，而要提高教学能力，必须重视教学研究。

其次，只有加强教学研究，才能促进教学工作的不断创新。教学是一个能动的过程，教师不仅要善于创造求知的共同基础，而且要通过各种形式创造一种求知的环境与氛围，把学生和自己都推向新的创造性的方向。从这方面来说，教学需要教师有创造性和创新精神，包括内容的创新、方法的创新、手段的创新等。要创新，就必须加强研究，包括汲取、借鉴教学研究的最新成果、教学改革的最新经验及学科建设的最新成就，更包括对自己教学的不断反思。

最后，只有加强教学研究，才能促进和深化课堂教学改革。面对高等教育大众化带来的办学规模的扩大和人才培养模式的更新，教学改革势在必行。从精英教育到大众化教育，从单一的教育对象到多层次、多类型的教育对象，要想找准不同形式的教与学的敏感点，就必须对教学目标、教学方法、学生素质等一系列问题进行认真研究，进而找到相应的符合新要求的教学模式。

单有学科研究的成就而对教学研究缺乏兴趣的教师，其学科优势会随着教育教学信息化的不断发展而逐渐减弱。只有加强教学研究，特别是对现代化教学模式和方法的研究，真正从传统的以教师为中心转变为以学生为中心，注重在教学过程中给学生更多的学习策略的指导，包括充分运用现代教育技术与信息资源，努力创造条件不断实现教学模式的创新，才能使教学不再囿于单一的传授知识的套路，真正使课堂成为学生认识发现知识、研究探求知识和建构实践知识的交流平台，使教学工作以引导学生个性化高效学习为主，与学生建立一种新型的教和学的关系，调动学生的学习热情，激发其学习的积极性，培养学生的自主学习能力和创造能力。

（五）专业教学评估系统

评估是强化是以教学为中心的办学理念，进而促进经费投入，促进教学建设，促进管理规范，促进质量提高的有效手段。评估能够促进大众化进程中高等教育结构的优化调整，推进高等教育改革创新，同时促进学校合理定位，以强化特色办学，构建内部保障体系。具体到学校办学来说，通过评估可以发现教育教学目标中的不合理因素，并对其加以调节和改进；可以有效地指导教学工作，及时调整教学活动的目标与进程，进而提出改进方案。总之，对学校内部管理来说，评估可以形成教学信息反馈机制，有利于改进和加强教学工作，提高人才培养质量与办学水平。

1.院系教学评估与内部管理机制改革创新

（1）利用专业评估促进院系形成教学管理特色。本科教学工作评估的着眼点是教学质量，这一点对本科院校来说显得至为关键。现代大学理念是以人为本的理念，具体地说就是以学生为本。所以，提高教学质量的着眼点是人才培养工作。由于人才规格定位体现着人才培养目标，教学质量要根据学校的人才培养目标来评定，各专业也应该根据不同的人才规格定位来制订自己的教学计划，而组成教学计划的基本因素是课程，所以，教学质量的基础决定因素是根据人才规格对课程进行的建设和改革。

建立对院系教学工作的评估制度，有利于学校按照教育部本科教学工作规范及时地从整体上全面考查和评价院系的教学工作，促使院系自觉地强化本科教学理念，建立本科教学工作规范，调动其教学和管理的积极性。从内部管理体制改革的角度来说，专业建设评估的制度化也有利于院系办学自主权的落实，有利于院系根据所属专业的特点构建人才培养的结构体系和质量标准，改革创新人才培养模式，积极探索符合人才培养特点的教学方案和教学环节的质量标准，进而形成富有专业特色的教学管理模式。

（2）利用评估指标体系促进院系提升管理水平。院系教学工作评估是一项针对教学单位的全面的教学工作评估，涉及的范围比较广泛，评估的环节比较全面。因此，做好院系教学工作评估的基础是制订一套契合本科院校人才培养方案的指标体系。

从一级指标上说，它必须包括院系建设的指导思想、师资队伍建设、教学条件的利用、专业建设与教学改革、教学管理、教风学风等内容。而在院系建设的指导思想方面，院系自身的办学定位与发展规划、教学工作的思路和教育思想理念是关键的考查点。一个院系办学定位是否准确，发展规划包括学科专业建设规划、师资队伍建设规划和课程建设规划是否科学合理，制订的有关规划能否有效实施，直接决定着院系教学工作的水平和质量。

从教学思路的角度来说，院系负责人的教育观念是否先进、教学思路是否明确、是否有坚定的质量意识，直接影响到教学工作的中心地位能否确立，也直接影响到师资队伍建设中的结构优化以及教学水平和教学质量等。因此，评估对于保障院系教学水平不断提高是至关重要的，对于课堂教学、课程建设、教材建设、教学研究以及教师培养等方面也都有直接的影响。

在院系的评估指标体系中，专业建设与教学改革是核心部分。专业建设思路是否清晰，是否符合市场需求和学校的办学定位；专业建设的有关措施是否得力并能落实到位；专业的结构布局是否合理，各专业之间能否形成相互依托、相互促进的关系；围绕着专业的有关学科能否形成相互匹配的学科群体，进而为形成优势专业奠定基础。对一个院系来说，这些都是至关重要的。当然，落实到教学工作上，专业师资的水平、专业培养方案的科学化、人才培养模式的改革力度、专业教材的建设水平、教学大纲的制定水平、教学内容的时代性与现代化水平、课程体系的科学化水平，以及教学方式方法与手段的改革力度等，都从不同的方面制约着院系的办学水平和教学质量。

在院系教学评估中，还需要强调的一点是实践教学方面的评估。因为这类院校培养的是社会所需的人才，所以在实践教学方面应该建立起符合自身人才培养目标的教学体系，这是保障人才培养质量、使所培养的人才符合社会需求的基础。除以上内容之外，教学管理是院系评估中又一项值得认真研究的重要内容。管理队伍的结构与素质，管理的实践效果，管理组织的运转情况，教学规章制度的建设与执行，对课堂教学、实践教学等各个教学环节的质量监控，以及教风学风的建设情况，都从实质上影响着一个院系教学工作的整体水平。因此，通过评估促进相关工作的有效开展，是保证学校内部质量保障机制正常运转的前提。

院系教学工作评估是一项综合性的评估。要做好这项工作，除了坚持以评促建、以评促改、以评促管、评建结合、重在建设的原则以外，必须注意评估过程中条件、过程和效果相结合，定量与定性相结合，进而把科学性、导向性和诊断性结合起来。制订切实可行的评估方案和指标体系，让院系按照既定的方案和体系进行自我评估，找出优势与差距，进而进行有针对性的自我建设，是极为重要的。在评估的整个过程中，一定要注意院系的专业特色和相应的教学工作特点，通过评估方案的有效实施督促不同的院系按照专业特点办出自己的特色。

2. 专业建设评估与学科专业建设

（1）专业建设评估的重要地位和战略意义。专业建设评估是本科教学工作评估的重要组成部分。专业教学是学校教学工作的基础，专业质量是评价学校人才培养质量的基础，所以通过专业建设评估，可以客观反映专业教学状况，有效保障人才培养质量。专业评估是以专业为对象，依据评估标准，利用可行的评估手段，通过定性或定量分析等方式，对专业建设和教学情况做出价值判断。与本科教学工作评估的总体原则一致，专业建设评估必须坚持导向性、科学性与可行性原则。专业是依据确定的培养目标设置于高等学校内的教育基本单位或基本组织形式，更具体地说，专业是高等学校根据社会分工、经济和社会发展需要及学科的发展和分类状况而划分的专业门类。

因此，专业与人才培养和教学实践密切相关，在某种程度上成为学校办学水平和人才培养质量的基础。可见，专业建设是高等学校的教学基本建设，加强专业建设是高校可持续发展的重要前提。通过专业建设评估，可以进一步明确专业建设的指导思想，理顺专业建设的思路，坚持办学原则，依据学校办学目标，结合地方经济社会发展的需要，调整专业建设规划，采取积极有效的措施，使专业建设走上健康发展的轨道。

专业的设置，从学科的角度来说，是高校人才培养职能的重要体现；从社会的角度来说，是为了满足社会对从事某种职业的人才的需求。作为人才培养供给与需求的一个结合点，专业人才的培养首先必须弄清楚现实社会中不同领域的人才需求，进而分析专门人才在实际工作中所需要的知识及素质结构，才能有目的、有针对性地组织相关的学科进行教学，采取相应的教学方式来满足人才需求。进一步说，专业建设的目标是培养人才，因而必须以学科为依托，以社会需求为导向，结合高校自身的办学基础，开展相应的师资队伍建设、基本条件建设，以及教学计划、培养方案、教材和教学建设等。作为促进专业建设的重要手段，定期进行专业建设评估，可以及时评价各个专业的办学状态，明确专业建设的目标和内容，促使各个专业办出水平和特色，并为专业调整提供依据。

（2）通过专业评估促进特色专业、品牌专业建设。专业建设应从学校定位和人才培养目标出发，明确建设目标，深化专业改革，深入了解专业在人才培养、师资队伍、办学条件、教学建设与改革等方面的成绩与不足，以便针对专业建设提出相应的措施。对学校的专业建设进行评估，是促进专业办学水平提升的有效手段。从本质上说，专业建设的水平在很大程度上反映了专业办学水平，而专业办学水平又在很大程度上受到整体办学条件和水平的制约。这不但涉及专业的师资水平、课程建设和教材建设水平，以及其他教学条件的建设水平，还直接或间接地与育人环境、公共课教学、基础课教学、实验实习条件等有关。因此，专业建设评估对于促进专业建设与发展、提高人才培养质量与人才的社会适应性，具有重要的意义。

学校自身进行的内部专业建设评估，其目的主要是通过评估来了解专业的办学条件，以及在培养人才、科学研究和社会服务等方面的水平。所以，制订符合学校办学方向和人才培养定位的评估方案很重要。只有这样，才能以一定的质量标准为依据，判断专业教学工作的现状，找出其成绩与不足，以促进专业的自我调整，加强其内涵建设，强化其特色与品牌意识，同时也有利于学校整体的专业结构布局调整。

在专业建设中，师资队伍建设和其他教学资源、教学条件建设是紧密相连的，所以，专业建设评估成为教学质量保障体系中一个十分重要的环节。专业建设不但涉及师资队伍建设、专业人才培养模式改革等重要内容，而且与专业培养计划、办学条件建设等密切相关。

首先，合理调整专业结构，按照规模、效益、质量、需求相结合的原则，统筹考虑专业的集群性和独特性，避免盲目追求专业的数量，在整体上实现学科专业之间的互补、互利、相融、共生。按照以上原则，采取切实有效的措施，对现有专业进行必要的调整与重组，压缩或取消过时专业，合并相近专业，加强特色专业，创办适应社会发展需求的工科专业与高新技术专业，促进专业结构的优化和规模的均衡发展。

其次，认真研究区域性经济发展趋势与特色，按照面向未来、适应市场的基本思路，依托现有的专业优势，培育交叉学科与边缘学科，寻找新的专业增长点。

最后，切实保证已设专业的质量，按照有关要求规范建设，在人员配备、经费投入、计划制订、管理制度等方面不断加大建设力度。与此同时，要树立特色意识和品牌意识，努力打造特色专业与品牌专业。通过建设一批特色专业形成专业的龙头和亮点，带动其他专业的建设和发展，进而提升专业知名度和竞争力。

（3）专业建设评估必须坚持的基本原则。专业建设评估的指导思想和原则，既要考虑稳定办学规模和符合质量要求的需要，又必须体现专业结构调整和内部改革发展的需要，总体上应该坚持科学性、适应性、整体性、导向性与可行性原则，做到过程评估与效果评估相结合、定性评估与定量评估相结合。

第一，科学性原则。根据本科专业建设与改革发展的基本规律和要求，合理地确定评估的要素、内涵和观测点，不论是指标设计还是评估方式，都必须坚持科学性原则。一是要符合高等教育的本科办学规律，二是要适应教育教学的改革发展，三是要适应社会对综合性高素质人才的需要。要真正做到既从人才培养素质上体现学校的办学定位和培养目标，又从专业建设的内涵上体现学科发展的水平，在指标设计、内涵标准和方式方法等方面注重过程评估与结果评估的有机结合，真正使评估起到以评促建、以评促改、评建结合、重在建设的作用。

第二，适应性原则。专业规划和建设首先要考虑人才培养与社会科技、经济、文化发展之间的关系，强化为区域性社会发展培养高素质人才的意识。特别是要充分考虑人才市场的复杂变化和高等教育政策调整等诸多的因素，注重通过专业内部的不断改革与自我更新，使专业办学更加符合市场化的人才双向选择规律，在保证毕业生有良好的市场就业竞争力的同时，为继续深造的学生开拓更为宽阔畅通的人生道路。

第三，整体性原则。将专业的建设与发展放到学校整体的专业布局中来考虑，认真分析各学科和相关专业的合理结构及发展规模，以有利于学校优化资源配置为原则，调整、改造和强化传统优势专业，真正建成既能体现学校办学优势又能适应社会发展需求的学科专业体系。

第四，导向性原则。所谓导向性，即是要注重评估对专业建设的引导作用。评估指标要力求体现高等教育教学改革发展的基本趋势，突出专业特色与建设效果，侧重对专业建设过程的指导，关注专业发展中的教学工作水平与学术水平，进而促使各专业及其所在部门明确专业建设思路，制订既适应学校总体发展又能体现自我特色的专业建设规划，落实专业建设的相关措施，使专业建设真正起到有利于教学基本建设、有利于人才培养质量提高的作用。

第五，可行性原则。评估指标的设计要从实际出发，突出重点，便于操作。从总体上说，专业建设评估的出发点和目标定位要立足学校办学实际和发展方向，有利于人才的培养，有利于为地方经济文化发展服务。在评估方式上，要采取定量与定性相结合的原则，尽可能地使评估标准定量化、科学化，以提高评估结果的可靠性与可比性，真正使评估起到促进管理、促进改革、促进建设的作用。

3.课程建设评估与课程建设

（1）课程建设是一项复杂的系统工程。

加强课程建设，对一所学校来说，既是加强教学基本建设、提高教学水平、保障教育质量的根本性措施，又是具体实施人才培养模式、实现培养目标的最根本、最基础性的行为因素。从总体上说，课程建设是一项复杂的系统工程，必须以改革的理念来认识课程建设系统和规范，依据学校的办学方向和培养目标，努力建构科学的课程体系。课程即学习的内容和学习进程，从广义上说是教与学中各项活动的总和，从狭义上说则是指一门教学科目的内容与进程。无论哪一个类别的学校，其教育教学目的和人才培养目标说到底都是靠每一门课程的传授和教学环节的活动来实现的。因此，课程建设作为学科建设的核心内容，是提高学校办学水平、体现学校办学特色的基础性工作。

所谓课程建设，乃是依据学校现有的教学条件和课程现状，按照人才培养目标的要求，从宏观和微观等不同的方面对所设课程进行的调整、更新、改革与完善，并对其相关要素进行基础性与提高性建设。从实质上讲，它应该是有所建立、有所更新、有所创造的活动。落实到教学行为中，课程建设的目的应该是更有利于教与学过程中的知识传授、实践体验与个性发展，有利于启发和调动教与学双边主体的积极能动性。从教学实践和运作机制的角度来看，课程建设应该促进教学系统关键资源的不断优化，使各环节如教学内容、教学进程、教学手段、教学方法等的质量通过行为主体的能动性得到明显的提升，最终达到培养目标的要求。

综上所述，课程建设是教学体系的基本建设，是一项复杂的系统工程，与之相关的要素有很多。从宏观上看，专业课程结构要体现一所学校的培养目标，要反映目标体系的核心，折射出学生的素质规格和知识能力结构；从微观上看，每一门课程要体现出符合人才培养目标要求的科学性、教育性、学科逻辑性，以及落实到教学活动中的可操作性。

从教学的本质意义和课程的根本目的出发，课程建设所包括的内容可以从以下方面来认识：首先是教学基本条件建设，包括教学计划和教学大纲建设、教材建设、教学实验及设备建设等；其次是教学活动内容建设，主要指教学内容和教学方式方法的改革、考试制度和实践环节的研究等；再次是教学主导力量建设，主要是师资队伍建设，这是直接关系课程建设成败的关键性因素，师资力量的强弱会直接或间接地影响其他因素的效用发挥，特别是在课程展开过程中的效用；最后是围绕着教学主体的有关因素的建设，学生是教学中的主体，这已经成为教育界的共识。因此，如何从教学条件、教学环境和教学过程入手最大限度地调动学习主体的能动性，是使课程真正由原来的教程向学程转变的关键。

尽管教育界过去也有过课程是知识、是经验抑或是活动的争论，但深入教育教学实践来考察，可以发现人们总是有意无意地从传授知识的载体这种单一层面上来理解和对待课程，孤立地进行课程建设和改革，因而难以取得真正的成效。事物的本质作用不可能是孤立、单一的表现，而是由所在的体系和结构共同决定的。所以，只有将课程真正置于宏观的教学活动的大系统中进行考察，彻底改变原先那种单一的结构性观念，真正从思维模式上转变对课程的认识，彻底把课程从灌输和传播文化知识的工具性定位中解放出来，从自在和自为的教育文化的高度上加以认识，从教学双方对话交流与研讨互动的层面上探索课程对于人才培养的意义，注重课程对学生的知识结构和方法理念的反思、批判、生成、构建效用，才能实现真正意义上的课程更新，进而在新的系统结构中把握课程的新观念，使课程建设为整体教学改革奠定结构性基础。

（2）以改革的理念认识课程建设系统和规范。

首先，为了在深化改革的基础上加强课程建设，必须拓展课程概念的内涵和外延。从广义上理解，高等学校的课程必须超越传统的教学计划中设置的"课业活动"这一概念。无论是从社会对人才的需要还是从新的人才培养环境来分析，我们都必须围绕传递知识、培养能力和提高素质的通识教育观念来理解课程的本质，认真探寻课程建设的意义，如此，才能打破原有的课程思维桎梏：①将"教"的单向思维转变为"教"与"学"的双向思维，进而承认课程不一定是学科性的，不一定有固定的标准，不一定有现成的权威答案，不一定按部就班地面向程度各异的不同学习者同步讲授。②将封闭的思维转变为开放的思维，充分强调课程设置的开放性和课程结构的整体性。要善于利用和充分发挥各种有利环境因素的作用，将静态评价变为动态评价，将以个人横向比较为主的选择性评价变为以个体纵向比较为主的发展性评价。

其次，为适应社会与学生个性发展的双重要求，必须大胆促进课程由教程向学程转变。追溯课程定义的起源，其含义是学习主体在外在作用引导下进行的各种学习活动的总和，实质上是以学生为主体形成的学习系统。近代班级授课制的实施使课程慢慢由学程变为教程。这本来是教育事业发展进步的体现，在总体上是与人类社会由农业社会向工业社会转变的第一次现代化进程相一致的。但是，如同任何事物都存在着矛盾一样，现代教育在为社会提供人力资源的同时，也在很大程度上压抑了学生的个性和创造力。因此，课程建设必须在指导思想上大力弘扬学生的主体地位。

课程建设必须以改革为基础，破除传统的课程权威意识，使课程的工具性价值转变为实施过程中的结构性价值，将教学的主体性效果转变为学习的能动性效果。改革后的课程所遵循的原则应该是自由的、开放的，最终形成一种自在、自律、自为的教育文化。必须改变那种灌输、传递既有文化知识的课程，促进学生在教学互动过程中全面提升自律自主意识，实现自我的知识建构与文化生成。

最后，为了适应市场竞争的需要，必须以人才培养结构为依据，构建适应时代和学科发展的课程体系。根据系统论的观点，事物的结构直接决定和影响着整体功能的发挥，组成系统的各个要素不能直接表现出系统的功能，必须通过各要素间的相互联系和相互作用形成影响，才能显示出系统的功能。因此，过去那种按照专业的学科组合来安排课程，将各种课程简单相加的拼盘式专业课程建设方案重视专业自身的结构，忽视了以人为本的宗旨，专业的各门课程没有构成一个有机系统，在人才培养上的功能是不完整的。随着国际化与信息化的推进，社会所需要的更多是复合型创造性人才，这就更需要高等教育的课程建设在专业课程综合化的基础上追求课程系统结构的整体优化。

（3）努力建构科学的、有特色的课程体系。综观当前世界大学课程改革，基本趋势是重视基础教学，增大基础课比重，拓宽专业口径，加强创造性教育。高校面对的不再是一个按计划运行的封闭社会，而是一个充满了选择和挑战的开放社会。随着社会对人的整体素质要求的提高，过去那种以胜任某一种具体职业为直接培养目的的教育模式已逐渐失去存在的价值。特别是随着高等教育的大众化和普及化，一些国家已经开始在本科阶段淡化专业性，使本科教育逐渐成为一种基础教育，成为一种为人的发展提供多种可能性的教育。只有跟上时代和社会的发展步伐，不断更新教育教学理念，真正为学生提供以通识性教育为主的教育，才能为毕业生拓展出更加宽阔的人生之路——无论是毕业后继续深造接受研究生教育，还是走向社会选择就业、创业，都能够表现出充分的自主性与能动性。

按照这一目标定位开展课程建设，必须使课程设置由原来的纵向深入型转变为横向宽广型，做到文理科相互渗透、相互交叉、相互融合。要勇于跳出专业的传统观念，开设一些涉及文、理、工科的边缘学科和综合学科课程，以适应学科高度综合的发展趋势。从宏观上看，课程设置的原则是宽口径、大组合、多元化、开放性。

所谓宽口径，即拓宽专业口径，实施大文科、大理科的专业课程设置方案。

所谓大组合，即主动适应社会发展需要，凸显本科教育的基础性特征，建立课程模块，进而在培养学生整体素质和能力的层面上形成课程优化平台。

所谓多元化，主要是强调以人为本，鼓励学生在全面发展基础上的个性发展，不论是专业主干课程还是分支课程，都能为学生提供多种选择角度，特别是要增大选修课的比例，改变过去那种单一的培养目标、单一的教学渠道和方式方法，提供多方向的教育教学服务。

所谓开放性，一是指课程在培养学生能力方面要体现出开放教育的特征，要面向时代、面向社会进行自我修正和调整。从根本上说，知识时代最本质的特征是创造性，教育的任务不是单纯地让学生掌握现成的知识体系，而是培养学生的创新意识和创造能力。二是指课程体系和教学过程环节的开放。要彻底改变同步教学对学生形成的束缚，进而大胆探索异步教学模式，使学生根据自己的水平、基础、能力和兴趣在学校允许的范围内自主安排学习计划、自主选择学习时段，形成动态分流的局面。

高校要积极开设通识教育课程，在总体上淡化专业教育。根据本科院校的具体情况，可以通过探索构建通识教育的选修课，形成人文社科类、自然科学类、艺术体育类、教育学科类四大模块的公共课程供学生选修。各专业的选修课也必须强化文化素质教育、研究素养教育和科学方法论教育，围绕培养学生的自主学习能力、信息处理能力、外语应用能力、科研实践能力、创新创业能力、社会适应能力和市场竞争能力，适时开设一些实用性强，具有社会发展前瞻性，有利于毕业生就业、创业的课程。

当然，在拓宽基础的前提下学有专长也是十分重要的，所以在课程体系的构建上，应该将拓宽基础和突出专长结合起来。从教育自身的规律性来分析，通识教育所提供的课程结构体系和教学管理模式，不但在观念上消解了封闭式的同步教学所具有的权威意识，而且在实践操作中也能给学生较大的自由度，使他们在教师的主导和指导下能在一定程度上按照自己的需要设计知识和能力结构，从而实现课程本质的教学互动性。

按照科学性、前瞻性和实效性相结合的原则，适应人才培养结构，本科院校的课程结构从整体上可以分为通识课程、专业课程、必修课程、选修课程和实践课程五个部分，在体系上可以分为课堂教学计划、研究能力训练计划和素质教育实施方案三个模块。其中，课堂教学计划作为重点部分，又可分为主干课程和分支课程。为了适应学科发展的需要，主干课程的建设在重视本学科的发展历史和内容特质的基础上，应重点关注学科发展研究，努力将学科前沿研究融入课程内容和逻辑方法之中；具体到分支课程的建设，要适应学科之间的交叉渗透，使新兴学科和学科群更容易融入课程。在系列课程建设中，要从纵向上注意课程的模式和层次，横向上注意课程的系列和类型，避免专业课程的内容重复、陈旧，以形成结构合理、层次清晰、整体优化的课程系统结构。

从总体上说，课程建设要特别注意处理好局部与整体的关系、当前与长远的关系、一般与特色的关系、课内与课外的关系。另外，无论哪一类学科的课程，在形成特色和成果的过程中，其每一个发展环节和发展过程都有有形或无形的东西值得总结。有形的如教学大纲、教材讲义、考试试卷、课题研究及相关的成果，无形的则有不同时期的指导思想和观念意识、创新探索的精神因素等，这些有形或无形的资源对课程改革和发展而言都是宝贵的财富，在课程建设评估中应予以高度重视。

第三章 航海专业人才要求及其教学内容

第一节 航海职业与航海类专业概述

一、航海职业

"船舶是一块流动的土地"，船员的大部分工作时间都在船上，除了具有一般交通运输业从业人员所共有的"点多、面广、流动、分散"的职业特点外，还具有如下的突出特点：

第一，参与国际物流，接受国际公约和惯例的制约，使之具有国际性；

第二，战争时期肩负着保卫祖国的任务，作为"第二海军"，使之具有国防性；

第三，在远离大陆、远离祖国的环境中，需要自主决策与适时应变，使之具有独立性；

第四，变幻莫测的自然环境，使之具有较大的风险性；

第五，恶劣的自然条件和艰苦的工作环境，使之具有艰苦性；

第六，船舶的流动性，使船员的工作地点具有明显的流动性。

随着现代远洋航运业的不断发展，各大船舶公司在积极强化安全管理教育的前提下，不断改善船上的工作条件，丰富海员的业余生活。如今，海员的工作、学习和生活环境已经今非昔比，海员在船上也拥有了宽敞的工作室、舒适的休息室、藏书丰富的阅览室等。加上现代微电子学和电子计算机技术在船舶上的广泛应用，船舶已日益实现了智能化、信息化和数字化，这都使海员能及时迅速地了解到最新的世界信息，并能与亲人和朋友时刻保持紧密的联系。船员的这些职业特点，决定了作为一名船员需要具备较高的综合素质。

二、航海类专业简介

航海类专业是以培养海洋运输船舶驾驶员、轮机员、电子员等专门人才为主要目标的各专业总称，属于工程教育的范畴。我国航海类专业下设航海技术、轮机工程、船舶电子电气工程三个专业，其培养目标为"培养适应社会主义建设需要的、获工程师基本训练的、德智体全面发展的、符合国际和国家海船船员标准的、能适应现代船舶营运与管理需要的高级航海人才"。

航海类专业所从事的水上运输行业决定了其具有以下特性：

（1）岗位适应性。运输船舶上的某一具体岗位（驾驶员或轮机员）工作要求航海类专业学生具有航海的多种知识和能力，因此，航海类人才的培养必须注重适应性，尤其是动手能力、判断能力、决策能力、外语应用能力、应变能力的培养。

（2）国际通用性。航运业是一种国际性行为，航海类专业人才的培养必须符合国际通用的海员标准，直接参与国际航运人才的市场竞争。

（3）国防军事性。海上运输船舶是战时海军重要的预备力量，许多国家都把航海类专业学生作为海军预备役学员，目前我国对航海类专业学生都实行半军事化管理。因此，航海类专业大学生不仅需要精湛的专业技术、强健的体魄、坚强的毅力、熟练的外语沟通能力等，还应具有坚定的政治方向，拥护党的领导，视国家、民族利益为最高利益，维护祖国尊严。

第二节　航海类专业人才综合素质要求与培养

一、航海类专业综合素质要求

综合素质是个人在先天遗传品质的基础上，通过接受教育或参加社会实践活动所形成的主体性品质，它是个体的生理、心理、文化能力和道德品质等方面的综合表现。不少人存在这样的认识误区：航海类专业学生为半军事管理，生活模式较为单一，职业选择较为固定，只要个人能力能够满足职业的基本要求即可，不需要在综合素质的培养上有过多的思考。殊不知，海员是一种特殊的、具有挑战性的职业，工作具有国际性、国防性、技术性、独立性、即时性等，对从业人员具有相当高的职业素养要求，每个海员发挥的作用不可替代。海员不仅要有强健的体魄、娴熟的专业技能，还要具备良好的心理素质、较强的环境适应能力和突发事件的应变能力。这些能力的展现就是综合素质的具体体现，并非一朝一夕能够获得，需要航海类专业学生有意识地持续养成。

大学生正处于知识和能力的储备阶段，较高的综合素质对于个人未来的职业生涯发展起着重要的作用。职业虽然没有高低贵贱之分，但是社会职位有高低级之分。从社会职位的分布来说，低级职位在社会上的分布最多，职位层次越高，职位也就越少。职位层次越高的职业要求从业者具备的素质也越高。

航海类专业学生的综合素质的主要内容包括高尚的道德情操、丰富的科学文化知识、良好的航海职业能力、健康的身心。

（一）高尚的道德情操

美好的道德品质和高尚的道德情操一直是人类不懈的憧憬和追求。对大学来说，培养大学生高尚的道德情操，按照德才兼备、以德为先的要求来培养人才，对全社会有着重要的示范和导向作用。作为将来要在"浮动的国土"上从事航海职业的学生来说，培养高尚的职业道德情操尤为重要，它是航海类专业学生综合素质培养的重要内容。

所谓职业道德，就是和人们的职业活动紧密联系的符合职业特点所要求的道德准则、道德情操与道德品质的总和，它既是对本职人员在职业活动中行为的要求，同时又是职业对社会所负的道德责任与义务。职业道德的基本规范包括爱岗敬业、诚实守信、办事公道、服务群众和奉献社会。

作为航海类专业大学生，要积极培育社会主义核心价值观，一方面要培养自己的一般社会职业道德，另一方面还要培养与海上运输所要求的特殊职业道德，主要包括以下五个方面：

1. 热爱祖国，牢固树立责任意识

这是远洋船员职业道德的基本要求。远洋船员经常远离祖国，航行于世界各个国家和地区的各个港口，每艘船舶都代表着我国"浮动的国土"。远洋船员的工作性质涉及经济、政治、军事、技术等方面，因此，作为一名远洋船员，必须坚持以祖国的利益为重，把祖国的利益、尊严和荣誉放在第一位，为祖国的崛起、腾飞及航海事业的发展，做好本职工作，明确自己的责任，热爱自己的职业，做一名名副其实的航海人。

2. 安全第一，牢固树立安全意识

这是从事船舶航运工作的生命线。为了保证安全航行，海员首先要牢固树立安全第一的观念，规范自己的职业行为，认识到"有效地履行职责对海上人命和财产安全以及防止海上环境污染的必要性"，不能有丝毫的麻痹和松懈，谨慎驾驶，细心瞭望，悉心保养，为安全航行创造条件。比如，STCW公约规定，"航行值班人员在任何时候均需要做好准备，以便充分有效地对环境改变做出反应"；瞭望人员应"针对操作环境中发生的重大变化，利用视觉和听觉以及所有其他可用的手段保持连续戒备状态"。

谨慎航行，一方面是指所有船员在工作中严格按照操作程序及各项规章制度工作，比如驾驶员、轮机员、水手、机工的交接班程序；另一方面是指船舶之间、船港之间相互联系的文明行为，不能只顾自己而置他船、港方于不顾。

3.坚守岗位，牢固树立服从意识

坚守岗位是指船员在任何时候、任何情况下都要严格坚守在自己的工作岗位上。擅自离岗，可能会导致危险。据统计资料及对交通安全事故的原因分析，海上事故（人命、污染等）中75%～80%是由人为因素造成的，因此，STCW公约有诸多有关坚守岗位、增强责任意识等方面的规定和要求。比如，负责航行值班的高级船员应"在驾驶台保持值班""在正式交班之前，任何情况下均不得离开驾驶台"，瞭望人员"必须全神贯注地保持正规瞭望，不得从事或分派给会影响瞭望的其他任务"等。

服从命令就是船员在工作中要绝对服从船舶领导的调遣和指挥，保质保量地完成任务。当船舶遇到紧急情况时，如台风、火灾、碰撞等，都应无条件地服从上级指挥，迅速无误地到达指定地点。我国航海院校对航海类专业学生实施严格规范的半军事化管理，其目的之一就是培养大学生的服从意识。

4.团结协作，牢固树立合作意识

这是远洋船员的传统美德，是由这一职业的特点所自然形成的。远洋航行具备一定危险性，远洋船员为了祖国的航海事业这个共同的理想，从祖国各地走到同一艘船上工作、学习、生活，全体船员需要一起经风浪、历险情，不仅要战胜大自然的突然袭击，而且要面对各种各样的意外事件，因此，远洋船员必须团结协作、同舟共济，视船为家，视其他船员为兄弟姐妹，齐心协力，才能克服各种困难，战胜各种险情，顺利完成运输任务。

5. 防止污染，牢固树立生态意识

防止污染、保护海洋环境既是道德责任，也是法律要求。目前，国际国内颁布了一系列防污染法规和公约，如《中华人民共和国海洋环境保护法》《中华人民共和国防止船舶污染海域管理条例》《中华人民共和国船舶污染排放标准》《中华人民共和国海洋倾废管理条例》《国际防止船舶造成污染公约》等对防止污染、保护环境进行明确的规定和要求。

为了保护海洋环境，对船员也做出了相应的规定。比如，在"关于值班的标准"中指出"船长、高级船员应了解操作性或事故性的海洋环境污染的严重后果，并应采取一切可能的预防措施防止这类污染，特别是有关国际规则和港口规章规定范围内的污染"，船在锚泊时应"采取措施防止船舶污染环境，并遵守适用的防止污染规则"等。

（二）丰富的科学文化知识

知识结构是指一个人的知识构成状况，也就是外在的知识体系经过学习者的输入、储存、加工，而在头脑中形成的多要素、多系列、多层次的知识组合情况。各种知识互相间结构具有不同的功能，能够完成不同性质的工作。

在不同的时代背景下，社会生产力发展的水平不同，所要求的知识结构也不一样。农业经济时代，要求人才具备"杂家型"的知识结构；工业经济时代，要求人才具备"专家型"的知识结构；而到了知识经济时代，则要求人才具备"T"型的知识结构。"T"形知识结构是一种在精深专业知识的基础上，经横向扩展而形成的多学科或跨学科的多元化知识结构。多元化知识结构在功能上总是要优于单一化知识结构的总和。大学阶段是人生获取知识的黄金阶段，学生应该充分利用这段时间，结合航运事业发展的需要构建多元化的知识结构。

1.英语、计算机知识

语言是人们从事交流的工具，也是远洋船员参与国际合作交流的基本技能。英语是海运的"官方"语言，是各国海员交流的通用工具，作为一名合格的远洋船员，具备娴熟的英语水平的重要性是不言而喻的。中国的远洋船员，特别是外派的远洋船员要参与国际竞争，首先必须解决语言交流问题。任何国家的船东考核外籍船员，不仅考核专业水平，更重要的是英语水平。如果远洋船员的语言交流有障碍，容易引起工作的不协调甚至误解，严重时甚至会酿成重大的海难事故。因此，远洋船员必须具备良好的英语交流水平，才能避免或减少船舶安全事故的发生，避免或减少船舶被滞留的可能，更好地为船东创造更大的经济效益。

信息时代已经到来，大学生在信息科学与信息技术方面的素养也成为他们进入社会的必备基础之一。虽然不是每个大学生都需要懂得计算机原理和编程知识，但都应能熟练地使用计算机、互联网、办公软件和搜索引擎，都应能熟练地在网上浏览信息和查找工作、学习、生活所需要的知识。随着计算机和信息技术的快速发展，计算机在船舶上的应用已经越来越普遍。学会使用计算机，有利于正确操作、使用船上的先进设备。

2.航海专业知识

现代社会分工越来越精细，专业性也越来越强。因此，一个人要想在当前人才竞争日趋激烈的社会有所建树，必须在某一领域里掌握比较精深的专业知识。所谓精深的专业知识就是指个人对自己所要从事专业的知识和技术具有一定的研究深度，对其基本概念、理论体系、研究方法、国内外最新信息等都有所了解和把握。如果在某一特定领域里没有一定造诣，面面俱到、杂而不精、博而不深，说起来似乎无所不晓，做起来却一事无成，这样根本无法在激烈竞争中取胜，更无法适应社会。因此，大学生在学习航海专业知识时，一定要使自己的专业知识达到一定深度，不能浅尝辄止。航海工作是一项专业性非常强的工作，具备精深的航海专业知识是胜任航海工作的必备条件。

专业知识可分为专业理论和专业技术知识。两者相辅相成，不可偏废，既不能重实践轻理论，也不能重理论轻实践。专业理论知识使大学生不仅能知其然而且知其所以然，解决了为什么的问题。专业技术知识则教会了大学生工作的具体方法，解决了如何做、怎样做的问题。在科技发展日新月异的今天，运输应用领域里很多当下的先进的技术在几年后就会被更新的技术取代，只有对航海专业基础理论知识和专业技术知识进行全面掌握才能更好地理解新的航海应用技术，从而受用终身。

3. 人文社科知识

航海工作并不是简单地跟船舶、海洋打交道。除此之外，船员还会经常跟不同国家、不同民族、不同文化、不同风俗的人交往。因此，具备一定的人文知识，比如哲学、史学、艺术、法学等知识是必需的。较高的人文素养可以使人视野开阔，思维活跃，激发创新思维的产生，陶冶人的情操，使人的胸襟宽阔。首先，应学习哲学。从柏拉图到笛卡儿，从牛顿到爱因斯坦，他们都是集科学与哲学于一身。学习哲学不仅可以帮助大学生形成科学的思维方式，而且对于哲学问题的正确回答还可以让其人生变得更加精彩、快乐和有意义。

其次，应学习史学。读史可以明鉴。今天的一切都与历史有着千丝万缕的联系，了解过去可以使大学生更好地理解现在，并预测未来。可以说，学习历史能使人变得聪明。"究天人之际，通古今之变"是史学素养的根本目的。毛泽东博古通今，有着丰富的历史知识，因而他在中国革命的进程中能够运筹帷幄，大谋大略带领中国革命走向成功。作为航海类专业学生，不仅要了解航海史，而且还要了解中国和世界历史。对中国历史的了解，可以增强大学生的民族自豪感；对世界历史的了解，可以开阔大学生的视野，加深对别国文化的理解和尊重。作为航海类专业的学生，与船舶、船员、货运等海上交通运输有关的法律、法规、公约等是必须了解的。这些法律、法规是海上交通运输安全的有效保障。

（三）良好的航海职业能力

职业能力是人们从事某种职业的多种能力的综合。具备良好的航海职业能力是胜任航海职业的必备条件，主要包括以下方面：

1.环境适应能力

适应性是指个体主动调整自己的机体和心理状态，使自己的行为符合环境条件的要求，以及努力改变环境条件以使自己能够获得更好发展的能力倾向。从适应性的定义可以看出，适应性包括两个方面的内容，即适应环境的能力及在此基础上改变环境条件的能力。因此，适应性不是消极、被动地适应，而是一种积极、主动地适应。

航海职业对从业人员的适应能力要求是很高的。它不仅要求船员身体上能适应自然环境的变化，而且还要在心理上能适应海上工作、生活环境、异地他乡的生活习惯等。为了增强自己的适应能力，首先应该要有强健的体魄，掌握一定的运动保健知识，同时，还要利用各种手段进行科学的身体锻炼，养成良好的生活习惯，建立良好的自我调节能力，丰富自己的生活，以增强自己的适应能力。

2.专业实操能力

专业技能是从事任何一项专门工作必需的一种能力。航海是一种实践性非常强的职业，船员要想顺利地完成某项工作，就应具备相应的专业实操技能。船员的专业实操技能是保证船、货、人员安全的重要条件。技能与知识是密切相关的，技能是以知识为基础并对所学知识的灵活运用。因此，首先要具备扎实的实用理论基础知识，然后加强专业实践，比如实习、模拟实验等，在实际运用中将航海理论知识转变为航海本领。

3. 语言表达能力

表达能力是指运用语言或文字等工具阐明自己的观点、意见或思想的能力，主要包括口头表达能力和书面表达能力。对航海类专业学生来说，语言表达能力的重要性是不言而喻的。

因为船舶上的工作大多是集体工作，需要人与人之间的配合，要使人与人之间能够相互配合、协调开展工作，就需要用语言表达来传递各种指令。因此，对于船员来说，语言表达准确是尤其重要的。如果船员语言表达不准确，发出的指令不明晰，就很容易造成对方听不清或理解错误，从而酿成事故。

4. 组织协调能力

组织协调能力是指在工作活动中进行计划布置、组织分工、人际沟通协调等活动的能力。如今，现代科学技术日益朝着综合化趋势发展，在工作领域中的反映就是一项工作的完成往往需要多个人、多个部门的配合，共同努力。航海更是一项团队工作，要使船舶安全运营，就需要船上各部门、每个船员的密切配合。因此，作为一名船员，特别是高级船员应该具有一定的组织协调能力。

5. 随机应变能力

随机应变能力是指处理意想不到的、突然发生的、对人们不利的事情或问题的能力。在日常生活中，突发事件无处不在。有的突发事件影响不大，对当事人不会造成太大的压力；而有的突发事件则影响重大，对当事人会造成非常大的压力。应对突发事件是对一个人综合素质的检验。有的人在突发事件面前惊慌失措，不知道该怎么办；而有的人则能够保持冷静，想各种办法解决问题。

航海中，由于环境的复杂多变，船员处理突发事件的能力关系到能否阻止突发事件造成危害或减少损失。每个人都想从容、镇定自如地面对突发事件，但是，处理突发事件的能力不是一朝一夕就能获得的，它需要多方面的学习和有意识的磨炼。由于航海类专业学生的训练、经验、性格、责任心、工作作风等不尽相同，而上述几项是影响人应变能力的直接因素，为此，航海类专业学生要加强业务知识的学习，加强各种技能的培训和演练，做到先预防后应变，自觉培养应变能力，提高自身的综合素质，以适应航海工作的特殊需要。

（四）健康的身心

要想取得事业的成功，必须具备良好的身体素质和心理素质，增强自己的抗挫折能力。对从事特殊行业的船员来说，具备健康的身心更是非常重要。

1.身体素质

身体素质的好坏反映了一个人的健康状况。健康的体魄也是德和智的物质载体，在一个人成长与成功过程中起着基础与关键的作用。如果没有健康的身体，一个人的生活、事业和幸福也就都无从谈起。航海类专业学生毕业后需要长期在海上生活与工作，在漫长的航海旅程中，因工作时间、工作环境及生活环境的特殊性所带来的体力消耗，会成为影响人身体健康的主要因素。因此，作为一个合格的海员，必须首先具备能适应海上工作环境、能经受艰苦生活条件考验的健壮体魄。

另外，船员对外界事物的感知能力对其也是非常重要的。在航海过程中，绝大部分信息要通过视觉和听觉来获取；没有较强的视觉、听觉能力是很难胜任航海工作的。船员身体的协调性、攀爬、跨越、力量、耐力等运动能力也是从事航海职业所必需的。因此，航海专业大学生要经常进行体育锻炼以提高自己各方面的身体素质。

2. 心理素质

心理素质反映的是一个人在某一时期达到的心理发展水平，是进一步发展和从事社会活动的心理条件和心理保证。人类不仅要具备良好的身体素质，而且要具备良好的心理素质。

世界卫生组织给健康下的新定义是：健康是一种身体上、精神上的完全平衡状态。一个人只是身强力壮，没有器质性疾病，还不算真正健康。只有体格和心理两方面都健康的人，才算得上是真正的健康。

船员的心理素质与航海安全也有着非常重要的关系。从海损、海难事故分析可以看出，船员的人为失误是造成事故的主要原因，其中也有心理素质的原因。因此，在大学阶段要培养心胸豁达、沉着自制、果断坚毅、坚韧不拔、团结协作、善于自我调节、容忍善待他人、开朗幽默等良好的心理素质。

纵观人的一生，总是在从事两类活动：一是改造客观世界的活动，二是改造主观世界的活动。前一类活动可以统称为工作，后一类活动可以统称为学习。航海职业的特殊性决定了院校在培养海上人才时，采取了不同于其他专业的培养途径。航海类专业学生要理解并适应专业的培养方式，积极主动地学习，努力提高自身综合素质。

随着航运业的快速发展，船舶逐步大型化、自动化、智能化，进而对航海人才的技术、能力、素质等要求和标准大大提高。可以预测，随着航海科学技术的飞速发展及航运市场竞争的日趋激烈，对驾机通用、一专多能、一兼多职的高级航海人才的需求数量会有更大的增加，航运市场需求的是高水平、高质量的多功能复合型航海人才。

二、航海类专业综合素质培养

高尚的道德情操、丰富的科学文化知识、良好的航海职业能力、健康的身心，是对于航海类专业学生综合素质的概括，学生可以从日常学习、生活和活动做起，从处理小事中逐步有意识地培养自己的综合素质和职业能力。

（一）坚定理想信念

爱国主义情感是大学生应具备的最基本的理想信念。爱国主义是中华民族的光荣传统，是蕴含最为深厚的历史情感，是全国各族人民共同的精神支柱，是最激动人心和催人奋进的精神动力，是为祖国争光、为民族争气的力量源泉。航海工作具有风险性、艰苦性、独立性、国际性、国防性等特点，要求在航运人才培养上，特别强调具有坚定正确的政治方向、强烈的爱国主义情感、高度的组织纪律性、良好的军人般的素质等。爱国情操是当好船员的最基本素质。爱国使船员努力拼搏、积极奉献，爱国使船员爱岗敬业、团结合作。因此，对航海类专业学生来说，加强爱国主义教育显得尤为重要。具有强烈的民族自尊心、自信心、自豪感，捍卫主权，反对霸权，发展祖国的海运事业，全力维护国家的经济权益都是航海类专业学生爱国主义精神的体现。对外交往中，既反对妄自尊大的民族排外主义，又反对妄自菲薄的民族虚无主义。与经济发达的国家交往时，落落大方，不卑不亢；与发展中国家交往时，态度和蔼，礼貌待人。严守外事纪律，注意仪表形象，始终做一名堂堂正正的中国人，这些也是航海类专业学生爱国主义教育的重要内容。热爱航海事业是航海类专业学生应具备的又一理想信念，是安心海上工作、克服困难、取得成绩的内在动力。在我国从航运大国向航运强国迈进的今天，广大有志于航海事业的航海类专业学生，要树立崇高的理想和坚定的信念，明确自身所肩负的时代重任，坚定自身从事航运工作、奉献航运事业的信心和决心，为中国和世界的航海事业做出自己的贡献。

航海类专业学生可通过积极参与学校组织的理想信念教育和爱国主义教育活动，主动通过网络媒体、报纸期刊关心时政新闻，培养实事求是、客观公正的思辨能力，坚持与党和国家的方针政策保持一致，培养坚定的理想信念。

（二）遵守道德规范

道德是一种社会性、全局性的规范，也是人们共同的价值取向。遵守道德规范是学会做人的过程。航海类专业学生要习得公民道德和航海职业道德。

首先，面对变幻莫测的海上环境和日益精湛的航海技术，要顺利完成海上运输任务，没有团结协作、同舟共济的精神是很难做到的。因此，航海类专业大学生应注意加强团结协作、同舟共济精神的培育，培养自身理解人、尊重人、关心人和支持人的思想和习惯，树立尊重和爱护他人的生命就像尊重和爱护自己的生命一样的思想观念。其次，随着社会经济的快速发展，部分航海类专业学生毕业后不选择从事航海职业，或者很快转移到陆地工作，对我国航海事业发展带来重大影响。因此，航海类专业学生应加强自身热爱航海事业、吃苦耐劳、诚实劳动、忠于职守和勇于奉献的精神，以自己的良心和崇高的职业责任感对待工作，忠实履行航海责任。

（三）提高身体素质

随着人类社会的发展和进步，保护自身健康越来越成为全球关注的重要课题。身心健康是社会、经济和个人发展的重要前提，也是生活质量的重要组成部分。身心协调发展已成为 21 世纪人才的必备条件。因此，无论是从全社会人力资源开发的角度，还是从个人成长发展的角度来看，维护身心健康都是一项重要的工作。航海职业的风险性和艰苦性对船员的身体、心理素质提出了更高的要求。船舶昼夜航行，为保证船员保持高度的精神集中和工作的连续性，实行四小时轮流值班制，但船体的噪声、振动、摇晃、温差和湿度等都会影响船员的工作能力，产生身体和心理的变化。加上长期离岸，每天面对茫茫大海，活动空间的有限性，使得船员获得的外界信息十分有限，以致人的心理会发生一系列的变化，情绪烦躁不安。针对这种状况，航海类专业学生应特别加强自身的心理辅导和咨询，形成自觉、果断、自制、坚强的意志品质，提高自我适应、自我控制、自我调节的能力，以及遇事冷静、从容应对的心理素质。同时，航海类专业学生也要积极主动参与实践活动，养成体育锻炼的良好习惯，进而提高身体素质。

（四）培养良好习惯

亚里士多德提出素质教育是"播种一种行为，收获一种习惯；播种一种习惯，收获一种品格；播种一种品格，收获一种命运"。良好的习惯决定了素质养成的成败。对航海类专业学生而言，半军事化管理作为一种管理模式、一种手段，它规范的是学生的行为，是一种帮助学生形成自我约束的养成教育。半军事化管理具有政策性、规范性和强制性等特点，它涉及面广、实践性强，需要学校和学生共同努力、协调配合。高素质航海人才的培养和良好行为的养成不是一朝一夕就能办到的，需要长期的始终如一的坚持。常言说，"不积跬步，无以至千里，不积小流，无以成江海"。日常养成是半军事化管理的经常性、基础性工作，航海类专业学生要从细微处入手，从早操、上课列队、内务卫生、着装、军容风纪等日常管理做起，处处严格规范，从点滴入手，严格要求，持之以恒，潜移默化，最终形成自觉。

（五）学习专业知识

航海类专业学生在校学习中，除完成本专业培养计划中规定的相关课程，取得相应的毕业证书和学位证书外，还要完成国际海事组织、国家海事局规定的航海类专业学生从事航海职业必需的培训并获得相关的证书。这种专业能力不但要通过陆地上的理论学习、实验教学去培养，还需要通过模拟器训练和海上的实习实践和训练。在 STCW 公约马尼拉修正案实施后，我国海事局加强了对航海类专业学生适任力的要求，因此，加强专业理论和实践教学改革，将航海理论知识转变为航海技能，是航海类专业学生胜任将来航运事业发展的必然要求。

航海院校建立质量保证体系，加强专业技能考核培训是确保人才素质培养质量达到预定教育和培养目标的重要手段。目前 STCW 公约及我国政府有关法规以明文做出了要求。该体系对教育目标及有关适任标准做出了明确规定，对学生应具备的综合素质水平予以确定。STCW 公约在发证办法、船员适任标准与评估、遵章和核实机制几方面提出了全新的要求。航海技术专业毕业生在上船之前必须获得海船船员专业培训合格证书。作为航海类专业学生，必须在毕业前完成考核培训，获取证书，方可为成功就业打下良好的基础。

第三节　航海技术专业人才要求及教学内容

为系统培养航海技术专业人才，大多航海高等院校开设船舶原理、航运业务与海商法、GMDSS 综合业务、通信英语、船舶结构与设备、航海气象与海洋学、航海仪器、航海学、海上货物运输、船舶管理、船舶操纵、船舶值班与避碰等课程，并且提出人才培养的素质结构和能力要求。

一、专业教学的基本要求与核心课程介绍

高等航海教育兼具学历教育与高等职业教育的双重性质，与产业经济的联系十分紧密，因此，高等航海教育核心课程设置受 STCW 公约影响，学校必须按照公约要求设置核心课程。

（一）课程介绍

1.航海气象学与海洋学

航海气象学与海洋学是航海技术专业开设的一门专业课，是本专业毕业生参加全国海船船员适任证书统考必考内容之一。本课程研究大气、海洋运动变化规律及海—气相互作用对航海活动的影响，其目的就是"趋利避害"，充分利用有利的天气和海洋条件，尽可能避离恶劣的天气和海况，使船舶安全、经济地到达目的地。

航海气象学与海洋学研究的主要内容：气象学基础知识；海洋学基本知识；天气系统及天气特征；天气图基础知识；船舶气象信息的获取和应用；船舶气象导航；世界海洋气候。

航海气象学与海洋学课程的特点是：

（1）与地理相关联；

（2）云变幻莫测，较难掌握；

（3）气象学与海洋学不断发展，新的天气和海况实践不断出现，新的大气和海洋运动规律不断被发现；

（4）天气分析和预报方法不断更新，船舶获取的天气信息和预报产品越来越多。

2. 航海学

航海学是航海技术专业的主要专业课程，是学生进入航海专业生涯的第一课，起到承上启下的作用。它是一个研究如何使船舶从一个港口安全经济地航行至另一个港口的综合实用性学科，理论覆盖面广，实践性强。该课程在培养航海高级人才方面起着基础性和主要的作用，是STCW公约所要求的海船船员的必修知识，也是国家海事局海船船员适任证书考试的必考内容之一。

设置航海学课程的目的在于教授学生有关航海的基本知识、航海技能，培养学生在各种航行条件下综合运用航海技术的能力，灌输学生安全理念，以保障海上航行的安全，保护海洋环境。

本课程实践性非常强，突出加强学生的实践技能培养和训练，培养目标侧重于学生能真正理解知识并能运用于实践中；在教学中强调理论联系实际、案例教学的教学方法和教学理念，对师资的要求非常高，根据国际公约的要求，航海类师资必须具有"双师型"资质，教师必须定期到船上实践以获取最新的航海信息，更新理念，以培养适应最新的航海需求的航海人才。

航海学课程为航海人员提供有关海上航行的航线选择和设计、船位的测定和各种条件下的航行方法等重要问题，给船舶的安全经济航行提供了必要的保障。根据新形势下航运事业发展需求，结合现代航海科技的新成就，STCW公约和国家海事局对高级船员的评估考试和理论考试中，明确了航海学的重要性。该课程研究的主要内容是：

（1）拟订一条既安全又经济的航线，制订一个切实可行的航行计划。

（2）研究船舶定位的理论与实践，即研究航迹推算、观测定位及其误差分析与控制，引导船舶航行在计划航线上。定位方法分为三类：陆标定位、天文定位和电子定位。

（3）各种条件下的航行方法及其安全研究。

根据以上内容，航海学课程在教学上从理论与实践两个方面进行教学，改变过去偏重理论教学的现象，融"教、学、做"为一体，强调学生航海实践能力的培养。

理论教学主要从以下三个模块进行，强调以实用性为主，在理论中贯穿实践知识内容：

模块一：以地文航海为主的理论教学模块，强调学生必须掌握地球坐标知识、海图知识、航迹推算知识、陆标定位知识、电子定位知识、潮汐知识和船位误差理论知识等。

模块二：以天文航海和测罗经差为主的理论教学模块，强调学生掌握天球坐标知识、时间系统知识、天文定位方法和罗经差的测定等内容。

模块三：以制订航行计划为主的理论教学模块，强调学生必须掌握航标知识、航海图书资料知识、航线和航行方法知识等。

现代科学技术的发展成就了航海技术的长足进步。信息科学、计算机技术、电子技术、空间技术及空间卫星技术在航海上的成功应用，使航海技术发生了极为深刻的变革，使航海学课程的内容得到了极大的充实和发展。航海技术的进步对航海人员的素质提出了更高的要求。

现代航海要求航海人员必须具有较扎实的现代科学技术的基础知识，通过实践不断积累和丰富航海知识，对各种复杂的航海环境具有独立分析、判断与处理的理论基础知识和实践技能，在不断更新的技术条件下有较好的自适应能力。

3.航海仪器

航海仪器的发展和进步往往是标志着航海技术现代化进程的里程碑。随着计算机网络技术、信息处理技术、通信导航技术和卫星定位技术等新技术的不断涌现和发展，船舶操控正在向自动化、信息化和智能化方向发展。传统单一独立的航海仪器设备或系统，如无线电导航系统、船舶导航雷达、卫星导航系统、电子海图和信息显示系统、自动识别系统等，已经成为综合驾驶台智能管理控制系统中的必要组成部分。现代航海仪器在实现船舶自动驾驶、提高船舶营运效益、保障海上生命安全、保护海洋环境等方面发挥着日益重要的作用。航海仪器课程是航海技术专业的主要专业课之一，综合了电航仪器、无线电导航仪器两门课程的教学内容，叙述罗经、水声仪器、无线电导航仪器的基本理论基础、结构和电路原理及它们的使用与维修保养要求等，在航海技术专业教育中占有重要地位。该课程在培养航海高级人才方面起着基础性和主要的作用，是STCW 公约所要求的海船船员必修知识，也是国家海事局海船船员适任证书考试的必考内容之一。

航海仪器课程的主要内容有：陀螺罗经原理与应用；磁罗经原理与应用，水声仪器原理与应用（包括测深仪与计程仪）；电子导航仪器的原理与应用（含罗兰 C 系统、卫星导航系统、自动识别系统、航行数据记录仪）；综合导航系统原理与应用。

航海仪器课程的特点如下：

（1）它是一门应用性和实践性很强的学科，学生学习后即可掌握相关仪器的使用、保养知识，要想获得高级船员资质，还应通过国家海事局组织的航海仪器评估考试。

（2）仪器原理涉及微积分、几何、力学、电路等方面知识，基础理论内容较多，对学生来说，有一定学习难度。

（3）对于航海技术专业，本课程是必修课。对于航海教育类高校的其他专业，如电子信息工程专业、通信工程专业等，本课程可列为选修课程。

（4）课程的各部分内容没有直接密切的联系。

4. 船舶导航雷达

船舶导航雷达以及建立在对雷达目标自动标绘基础上计算避碰关键参数的自动雷达标绘仪（ARPA）的出现，是航海技术发展史上的重大里程碑。雷达/ARPA 为航海人员在复杂的航行环境中，及时有效地探知船舶周围的航行环境、获取目标船舶的航行动态，提供了有效的观测手段，是现代船舶航行中不可或缺的定位、导航和避碰的助航设备。

船舶导航雷达是船舶装备的众多电子助航仪器之一，也是最重要的航海仪器。由于其工作原理、设备构造及操作使用等方面内容众多，学习难度大，所以为船舶导航雷达专门设立一门课程，内容主要涵盖雷达基本原理、船用雷达主要设备构成，船用雷达的性能及影响因素、雷达自动标绘原理与设备、船用雷达操作等。

本课程的特点是：

（1）强调应用性和实践性。

（2）涉及基础理论内容较多，对学生来说，有一定学习难度。

（3）对于航海技术专业，本课程是必修课。对于航海教育类高校的其他专业，如电子信息工程专业、通信工程专业等，本课程可列为选修课程。

5. 海上货物运输

海上货物运输是航海技术专业学生必修的一门主干专业课程，是研究船舶配积载、货物装卸、船舶运输全过程中货物管理的一门科学。该课程一直是从事船舶驾驶工作人员的主要业务课程，它承载了航海技术专业的核心能力培养任务，是航海技术专业的核心课程之一，海船驾驶员职业证书主要的考试内容之一。

海上运输以其运量大、成本低的优势，在当今贸易中的地位越来越重要，全球对海运业在世界经济中的地位已达成共识。海运作为连接国与国之间最大的一条经济纽带，在促进全球经济一体化的过程中发挥着巨大的作用。现代海上运输的原则是安全、优质、快速、经济，而船舶的安全则是重中之重。本课程在专业基础课船舶原理的基础上，通过讲授船舶货物运输技术的基本知识和基本技能，为学生适应船舶货物运输管理，保证航行安全，提高货物运输质量和经济效益打下良好基础。同时引导学生树立正确的思想意识，养成良好的职业道德。

本课程内容对航海技术专业关键知识点的学习和核心技能的训练起到重要的支撑作用。通过本课程的学习，学生能掌握船舶货物运输中关于货物管理、货物装卸、航海性能计算等基本知识，熟悉船舶配积载方法及配积载软件的使用，可初步掌握船舶配积载业务。

海上货物运输课程的主要特点如下：

（1）它是实用性很强的一门学科；

（2）理论知识较为抽象，涉及多门基础学科，计算复杂，学习难度较大，易造成教师难教和学生厌学的情况；

（3）必须满足 STCW 公约和《中华人民共和国海船船员适任考试大纲》的相关要求，课程内容不断更新（部分内容每两年更新一次）；

（4）强调理论与实践相结合，知识、经验与法规相结合；

（5）随着数字技术的发展，货物积载软件在船上的应用日趋广泛，本课程同时讲述一些货物积载软件的编制原则和使用方法。

通过本课程的教学，学生有能力参加交通运输部海事局组织的"全国海船船员适任评估与考试"，并能够通过海事局组织的评估与全国海船船员考试，取得相应的海船船员职业资格证书，最终将"教学与考证""课程与就业"有效地融合在一起，实现"一教多证"的教学目标。

6.航运业务与海商法

航运业务与海商法是航海技术专业的一门专业性、技术性和法律性紧密结合的特殊学科，因此在欧美国家，航运业务与海商法的教学和研究已有数百年的历史。我国开设航运业务与海商法课程的时间较晚，仅有60多年的历史。我国是一个贸易大国，也是航运大国。随着国际贸易和海上运输的迅猛发展，航运市场需要高素质的海运人才。航海技术专业以培养具有国际竞争能力的航海类人才及国内新型航运人才为目标，航运业务与海商法课程作为航海技术专业本科学生的专业基础课之一，将航运业务知识与海商法知识相结合，极大地拓展了航海类学生的专业知识面，帮助学生了解航运管理、航运技术、航运法律等方面的知识，为学生成为综合性高素质人才奠定了基础。

航运业务与海商法研究的主要内容有航运业务基础、国际航运合同业务、海商法三个相关的知识模块。各知识模块所包含的内容、顺序如下：

（1）航运业务基础知识模块

①国际贸易；②远洋运输营运方式；③远洋运输单证业务。

（2）国际航运合同业务知识模块

①提单业务与国际公约；②航次租船合同业务；③定期租船合同业务。

（3）海商法知识模块

①海商法基础知识；②船舶法；③船舶担保物权；④船员法；⑤船舶碰撞法；⑥海难救助法；⑦共同海损法。

航运业务与海商法课程的特点如下：

（1）航运业务与海商法是实践性很强的学科。

（2）涉及的法规等方面知识、理论性较强，操作内容较少，易造成教师照本宣科和部分学生缺少兴趣的情况。

（3）国内外各航海类院校的航海技术专业，纷纷将航运业务与海商法列为必修课程。

（4）课程的内容有联系密切的系统性。因此要求学生首先掌握基本知识，然后通过具体案例将理论知识应用到具体实践中。本课程是学习后续专业课的基础课程，在整个航海技术专业课程体系中有为其他课程服务的作用，通过对本课程的学习，为后续专业课程的学习打下基础。

本课程具有实践性强的特征。学生通过对本课程的学习，可以将书本上的理论知识应用到具体的案例中，对航海类学生以后的工作大有裨益。

7. 船舶操纵

船舶操纵是航海专业的重要专业课，是航海人员掌握船舶驾驶技术的基础学科，是 STCW 公约要求海船船员必修的专业知识，是海上搜救、海事案例分析等评估项目的重点内容，也是海船船员适任证书考试、港口引航员证书考试及大型船舶操纵等培训的主要内容。

船舶操纵涉及工程力学、高等数学、船舶原理以及船舶结构与设备等学科的众多基础知识。本课程理论适度、实践性强，内容主要包括船舶操纵性能、船舶设备在操船中的应用、外界因素对操船的影响、特殊情况下操纵船舶方法、应急情况下船舶操纵技术等知识。本课程的重点是使学生领悟船舶操纵性能和外力对船舶操纵的影响等理论，初步掌握多种情况下船舶操纵程序和要领，为具备驾驶台值班能力打下基础。

通过本课程的学习，学生可获得从事船舶驾驶岗位工作所必备的操船理论、基础知识和实践技能。学生毕业时，在船舶操纵知识和能力方面为推行远洋船舶管理级驾驶员职责打下良好的基础。

8. 船舶值班与避碰

船舶值班与避碰是航海技术专业的必修课。STCW 公约对海员的适任性提出了具体的法定要求。我国作为该公约的缔约国，结合我国实际情况为履约制订了海员的适任标准。按此标准，全国高等航海类院校教学指导委员会制订了海洋船舶驾驶本、专科专业指导性教学计划。根据计划中有关培养目标和培养规格的要求，船舶值班与避碰课程的教学任务首先是使学生达到 STCW 公约规定的强制性适任标准。课程目的在于培养学生树立正确的学习目标，培养扎实、认真的科学态度，掌握基本的船舶的操纵理论、国际避碰规则及航行值班原则和驾驶台工作程序的有关内容及规定，初步掌握各种条件下的船舶操纵与避碰技术和方法以及海难中应急操船的能力，增强学生的实践经验，培养学生分析判断能力、理论联系实际和创新精神，为从事本专业及相关的工程技术工作打下基础。

根据 STCW 公约马尼拉修正案要求，本课程内容主要分成驾驶台资源管理、船舶定线制和报告系统、船舶操纵、船舶避碰、船舶值班五部分，其中驾驶台资源管理部分主要涉及关于有效地组织驾驶台协同工作程序的全面知识；船舶定线制和报告系统主要涉及根据船舶定线制的一般规定使用定线制及报告制的内容；船舶操纵部分主要涉及船舶操纵性基础理论、操纵设备在操船中的运用、外界因素对操船的影响、港内操船特殊水域中的船舶操纵和特殊情况下的操船等方面的内容；船舶值班部分主要为航行值班原则的有关内容。船舶值班与避碰课程的特点如下：

（1）船舶值班与避碰是应用性很强的学科。

（2）涉及船舶原理、船舶结构与设备、航海仪器等专业课程的多方面知识，先修学科较多，重在理论结合实践，对国内部分院校在校期间无法上船实习的学生来说，学习难度较大。

（3）本课程是航海技术专业本、专科教学的重要组成部分，也是必修课程，在强调学生综合素质与创新能力培养的同时，引入"行业准入"机制，在知识结构上满足国际公约和国内法规的相关要求。学生完成课程学分的同时，参加海员适任证书考试，达到80分及以上及格，课程考核标准较高。

9. 船舶结构与设备

船舶结构与设备是航海技术专业一门重要的主干专业课程，也是中国国家海事局规定的海船船员适任证书考试内容之一。该课程是航海专业学生学习其他专业课程的基础，是航海专业课的一门基础学科，与船舶原理、船舶操纵、海上货物运输、船舶值班与避碰等课程之间形成前后呼应的关系，是后续专业课开授的基础课。所以在大多数航海院校里该课程都先于其他专业课程开设，具有很强的应用性和专业性。

船舶结构与设备理论教学内容主要包括船舶常识、船体结构和船舶管系、锚设备、舵设备、起货设备、系泊设备、系固设备、船舶抗沉设备和堵漏、船舶修理以及船舶入级与检验等。

船舶结构与设备课程要求学生掌握船舶结构、甲板设备、船舶堵漏设备、船舶修理与入级等内容，并能够熟悉掌握和使用船舶设备和运用良好船艺，确保船舶航行、靠离码头及锚泊作业和货物装卸安全的综合实用性知识。

通过本课程的学习，学生能获得从事船舶驾驶工作所必须具有的船舶结构与设备理论、基础知识和实践技能，具备操作级船舶驾驶员管理船舶资格和能力，为履行远洋船舶管理级驾驶员职责打下了良好的基础。

10. 船舶管理

船舶管理是航海技术专业学生的专业必修课之一，也是中国国家海事局规定的海船船员适任证书考试的科目。

本课程理论教学主要涉及以下内容：船舶营运安全、现代安全管理理论及应用、人为因素控制和国际安全管理规则船员管理、船舶安全与出入境管理、海洋船舶防污染管理、海上船舶安全应急和医疗急救、海事和海事预防。

（二）船员适任证书理论考试科目

国家海事局是我国的海事主管机关，其主要职责之一就是负责我国的船员适任资格培训、考试、发证管理。船舶驾驶员必须经过系统的航海教育，并参加国家海事局主持的船员适任证书考试，考试合格后方能取得任职资格。目前，船员适任证书理论考试科目有船舶操纵与避碰、船舶管理、船舶结构与货运、航海学、航海英语。

船舶操纵与避碰科目考试内容涵盖了高等航海教育中船舶操纵、船舶值班与避碰、船舶信号三门课程的内容，考试大纲中规定的考核项目有船舶操纵基础、各种环境下的船舶操纵、应急操船、搜寻和救助行动、轮机概论、避碰规则内容的全面知识、航行值班中应遵守的原则、驾驶台资源管理、用视觉信号发出和接收信息。

船舶管理科目考试内容涵盖了高等航海教育中船舶管理、航运业务与海商法两门课程的内容，考试大纲涉及的内容有船员职务职责、船舶安全生产规章制度、国际海事公约、国内海事行政法规、船舶检验、海洋与海洋环境保护、船舶应急、船舶资源管理、远洋运输相关知识、班轮运输、集装箱运输与多式联运、不定期船运输、海上旅客运输与海上拖航、船舶碰撞、海难救助、共同海损法律与实务、海事赔偿责任限制与油污损害赔偿、海上保险、保赔与海事争议、沿海运输有关法规、规范与实务、船舶修理。

船舶结构与货运科目考试内容涵盖了高等航海教育中船舶结构与设备、海上货物运输两门课程的内容，考试大纲涉及的内容有船舶常识、船体结构基础知识、干货船主要管系、起重设备、货舱、舱盖及压载舱、船舶货运基础、船舶载货能力、船舶稳性、船舶吃水差、船舶抗沉性、船舶强度、包装危险货物运输、普通杂货运输、特殊货物运输、集装箱货物运输、散装谷物运输、散装固体货物运输、散装液体货物运输。

航海学科目考试内容涵盖了高等航海教育中的航海学、航海仪器、船舶导航雷达、航海气象与海洋学四门课程的内容，考试大纲涉及的内容有航海基础知识、海图、船舶定位、天球坐标系与时间系统、天文船位误差罗经差、潮汐与潮流、航标、航线与航行方法、船舶交通管理、电子海图显示与信息系统（ECDIS）、电子定位和导航系统、回声测深仪、磁罗经和陀螺罗经、使用来自导航设备的信息保持安全航行值班、使用雷达和自动雷达标绘仪保持航行安全、气象学基础知识、海洋学基础知识、天气系统及其天气特征、天气图、船舶气象信息的获取和应用、船舶气象导航。

航海英语科目考试内容主要是与航海技术有关的文献文章及英版航海图书资料、法规文件及其常用术语、词汇词组等。作为船员适任证书理论考试科目，航海英语考试大纲所列考察内容主要是与航海相关的，如航海图书资料、航海仪器、航海气象、船舶操纵、船舶避碰、船舶结构与设备、船舶货运技术、国际海事公约、航运法规与业务、船舶安全管理等方面的英语阅读与写作能力。

二、专业的实训、实习主要内容与评估考证要求

制订完善的培训体系，加强对航海人员的培训，从而培养出具有较高理论素养和操作技能的航海人员，是最大限度地减少人为失误，减少甚至避免事故发生的重要环节。

（一）航海技术专业评估科目

我国是 STCW 公约的缔约国，在 2010 年，公约的马尼拉修正案通过后，为完成缔约要求，中国国家海事局制订了一系列的船员培训、考试和发证办法，以加强对我国航海从业人员的教育培训，提高理论素养和实践技能。其中《中华人民共和国海船船员适任评估大纲和规范》列出了航海技术专业（船舶驾驶）各层次不同科目的实践技能要求。航海技术专业评估规范制定的评估科目总计有10 项。

1. 船舶操纵、避碰与驾驶台资源管理

船舶操纵实训项目主要有船舶的锚泊操纵，港内掉头操纵，靠、离泊操纵，系、离浮筒的操纵要领等，面向船长层级；

船舶避碰实训项目有船舶互见中的避碰应用，能见度不良时的避碰应用，特殊水域（狭水域、分道通航水域）的避碰应用；

驾驶台资源管理实训项目主要涵盖驾驶台物质、人力资源的管理和综合运用，包括船舶在特殊水域航行的计划制订与实际操作，偶发事件的预测、判断、应对措施等。

2. 电子海图显示与信息系统（ECDIS）

电子海图是以数字形式表示的、描写海域地理信息和航海信息的地图。电子海图的出现是计算机与网络技术的发展所催生的，是海道测量领域和航海领域的一场新技术革命。目前越来越多的船舶陆续在驾驶台安装了电子海图显示与信息系统（ECDIS）。国际海事组织（IMO）在 SOLAS 公约第五章对船舶配备电子海图显示与信息系统（ECDIS）做出了具体的规定。作为船舶驾驶员，必须能够熟练地使用 ECDIS。

本实训项目的适用对象是船舶各级驾驶员，包括二 / 三副、大副、船长。内容包括系统的组成与检查、数据与显示、安全参数的设置、利用 ECDIS 进行航线设计与航次计划、航行监控、记录航海日志、认识过分依赖电子海图的风险、系统测试与备用配置等。

3. 航次计划

本实训项目面向船长层级，内容涉及预定航次图书资料的配备要求及信息获取、审核计划航线、对预定航次风险的识别和评估及控制。

4. 航海仪器使用

本实训项目面向二 / 三副层级学习船舶安装的磁罗经和陀螺罗经、计程仪、回声测深仪、船载 GPS/DGPS 卫星导航仪、船载 AIS 设备的正确操作。

5. 航线设计

本实训项目面向二 / 三副（技术）层级，训练内容有：海图及图书资料改正，海图及图书资料的抽选，查阅航海图书资料，绘制航线、编制航线表，航迹推算。

6. 货物积载与系固（大副）

本实训项目面向大副层级，训练内容有杂货积载、固体散货积载、散装谷物积载、集装箱积载。

7. 货物积载与系固（二 / 三副）

本实训项目面向二 / 三副层级，训练内容有船舶主要配载标志辨识及应用、货物包装和标志辨识及应用、货物积载与系固方法辨识、货物配载图辨识及应用、船舶相关性能核算。

8. 雷达操作与应用

本实训项目面向二 / 三副层级，目的是使用雷达和自动雷达标绘仪以保持航行安全，训练内容有雷达基本操作与设置、雷达观测、雷达导航、雷达人工标绘、雷达自动标绘、AIS 报告目标、试操船。

9.气象传真图分析

本实训项目面向船长层级，内容涉及气象传真图的识别、气象传真图综合分析运用两个主要方面。

（二）专业实验室介绍

"工欲善其事，必先利其器。"为完成上述实训项目，航运院校必须建设相应的专业实验室。这些实验室包括航海模拟器实验室、海图室、GMDSS 实验室、船舶导航实验室等。海上设备更新换代很快，以雷达为例，自 20 世纪 70 年代以来，从国产 751.752 雷达到今天兼容 AIS 信号、具有 ARPA 功能的雷达，已经经历了四代，航海技术专业实验室资金投入很高。

1. 大型船舶操纵模拟器实验室

2005 年 6 月，海运学院大型船舶操纵模拟器实验室通过验收并投入使用。V.Dragon-3000A 型大型船舶操纵模拟器采用先进的分布交互仿真（Distributed Interactive Simulation，DIS）和高层体系结构（HLA：High Level Architecture）的设计思想，可以与互联网方便相连的先进网络技术，将各分系统的计算机相互连接构成综合仿真模拟系统。该系统包括教练员控制台、主体船及视景系统、副本船及视景系统，具有导航仪器、带三维视景的船舶操纵、雷达/AR-PA、ECDIS 与 GMDSS 等模拟功能，同时提供包括车、舵、锚、缆、拖船、船首侧推器在内的操船手段和本船航行灯、甲板灯的控制，实船模型 90 余种，训练海区覆盖中国沿海、马六甲海峡、新加坡水域、英吉利海峡，各本船之间通过三维视景和雷达图像互见。

本实验室配备的 V. Dragon-3000A 型大型船舶操纵模拟器，性能指标完全满足挪威船级社（DNV）有关大型船舶操纵模拟器的性能标准，符合中国海事局和 STCW 公约对用于培训和适任评估的模拟器的性能要求。模拟器中的各本船功能完备，可完整地模拟船舶驾驶台操作环境，既可用于受限水域的高级操纵和引航训练，如不同类型船舶、不同气象条件、不同航道条件下的船舶操纵训练、航行值班避碰、驾驶台资源管理、协调搜救作业，也可用于雷达/ARPA、ECDIS、GMDSS模拟训练，满足STCW公约规定的目标和训练任务的需要，还能承担港航工程论证、航行安全评估、海事分析等科研性模拟任务，真正成为航海教学和科研的重要实验基地。

2. 船桥综合实验室

实验室于1995开始建设，2010年更新换代后成为航海专业重点专业实验室。贵重仪器设备主要有：VHF电台、组合电台、INMARSAT-C站、INMARSAT-B站、INMARSAT-F站、雷达、电子海图等。实验室除了担负航海技术本科相关课程的实验教学和培训教学等任务外，还担负了学院通信导航相关研究方向的科研任务。经过多年来建设，实验室形成较为完善的硬件环境，在"GMDSS通信，电子导航，驾通合一"等研究方向上逐步显示了自己的特色与优势，形成了以船长教授为带头人、青年讲师为主体、年轻硕士为骨干的研究队伍。实验室面向学科学术前沿，着力建设综合船桥，逐步实现数字化航海领域高水平的科学研究、人才培养和学术交流，围绕理论联系实际、科研教学并重的学术思路，开展应用型创新型研究，致力于解决航海学科发展应用中的通信导航相关应用技术问题，构建数字化航海交叉学科研究的平台。

3. GMDSS模拟实验室

航海模拟器在航海教育和培训中发挥了重大作用，MDSS模拟器也是航海模拟器的重要组成部分之一。全球海上遇险与安全系统GMDSS（Global Maritime Distress and Safety System）自1999年2月1日完全实施，根据SOLAS公约的要求，各缔约国必须对从事航海事业的相关人员进行GMDSS培训。STCW公约修正案中，特别强调了模拟器在培训中的应用。INMAR-SAT-B 主要实现的功能包括遇险报警、常规的电传和电话通信、文件的编辑管理、卫星的选择。

INMARSAT-C 主要实现的功能包括遇险报警、常规的电传、遇险电传通信、文件的编辑管理、电文的接收及查阅、洋区登记及人工的入网和脱网、EGC 接收的设置定时发送。INMARSAT-F 主要实现的功能包括遇险报警、常规电话通信、卫星选择、遇险报警测试、ISDN 及 MPDS 拨号的设置。单边带（SSB）主要实现的功能包括通信种类的设置、通信频率的设置、信道扫描及点扫描、接收机的调整、发射机的调谐、自检。MF/HF DSC 主要实现的功能包括遇险报警、单呼、群呼、全呼、自动 / 半自动业务、海区呼叫、遇险转发、对接收到的信息进行查看。VHFDSC 主要实现的功能包括遇险报警、DSC 电文的编辑与发射、频道的存储与扫描、对接收到的信息进行查看、地址簿的编辑及误报警的消除。无线电传 NBDP 主要实现的功能包括遇险报警、电文的处理、自动无线电传通信程序、手动无线电传通信程序及与岸台进行电传测试。

三、英语对专业的重要性与航海技术英语课程介绍

航海英语课程是实践性很强的特殊用途英语（ESP），是远洋航运业全球通用的海事英语的一个分支，是远洋船舶驾驶员及岸上相关工作人员使用的工作语言。随着我国经济尤其是国际贸易的发展，它的重要性已日渐凸显出来。作为一种职业用途英语（EPP），航海英语有一定的专业特色。

航海技术具有国际化的工作特点。出于工作的需要，对英语尤其是专业英语要求高。伴随着社会的不断发展，全球航运市场的扩大，外派船员的数量增多。为保证学校所培养的驾驶员具有较高素质和国际竞争力，必须不断提高航海英语教学的质量，确保学生储备充足的知识，在工作中尽快进入角色。

（一）课程定位

航海英语课程是航海技术专业的一门主干专业课程，它也是专门用途英语（ESP）中的一种，属语言类课程。专门用途英语有独特的词汇、句法和结构模式，与基础英语有很大区别。

专门用途英语也是一门语言，其教学不仅包含英语语言技能的训练，而且有明显的专业内涵，是语言技能训练与专业知识学习的结合。培养航海英语应用能力是本课程的目标，而航海英语应用能力是航海技术人才所必备的素质。设置本课程的重要性可见于以下几个方面：

1. 航海英语在公约中的重要地位

2010 年，STCW 公约马尼拉修正案对航海英语提出了新的要求，其中一项是"多国（民族）混合船员之间的交流（外语能力）"。STCW 公约之所以规定海员外语能力的要求，是因为 80% 以上的海难事故是由人为因素造成的，而其中 80% 是由于不畅交流引起的。现在世界通行的航海语言是英语，航海图书、国际海运法规及日常业务操作均以英语为工作语言，英语已成为航海的必备工具。

2. 航海英语在我国海船船员考试中的重要地位

航海英语课程一直是海船船员适任证书统考的重要科目，无论是海事主管机关，还是航海院校都十分重视。根据《中华人民共和国海船船员适任考试和发证规则》，考生要达到船舶驾驶员适任标准要求的必须通过航海英语理论考试及航海英语听力与会话评估，从听、说、读、写各方面达到适任要求。

3. 提高航海英语教学质量是加大海员劳务外派，建设海洋强国的要求

国际海员研究中心预测，到 2015 年，全球航运业高级船员的缺口将达到 2.7 万人，而在国际海员劳务市场占有的份额上，人口总数位居前列的中国仅占 4%，与世界第一大海员输出国菲律宾的 28.5% 相去甚远。与菲律宾和

印度等国家的外派海员相比，英语语言水平不高，特别是专业英语的听、说、读、写能力比较薄弱是我国外派海员身上最为突出的问题。因此，加强航海英语课程建设，提高航海英语教学效果是航海教育界乃至整个中国航运界极其关注的课题。

4.提高航海英语教学质量是国家专业教学指导法规的要求

教育部、交通运输部《关于进一步提高航海教育质量的若干意见》特别提出，"加强航海类专业英语教学"，要求交通运输类教学指导专家组织要组织航海院校制订航海类专业英语教学大纲，建立航海类专业英语水平测试体系，推动航海类专业课程实行英语教学，提高学生的英语运用能力。

（二）课程主要教学内容

1.航海科普知识

能读懂有关航海基础知识的材料；能读懂有关海运地理知识的材料；能读懂有关海运科技业务知识的材料；能读懂有关货运常识的材料；能读懂有关海事组织机构及公约、法规知识的材料。

2.航海日志

掌握航海日志常规用语；能够用英语填写航行、锚泊、系泊、靠离码头、恶劣天气及意外事故状况下的航海日志。

3.航海气象报告

掌握常用报文和天气图的缩略语及常用气象术语。

4.航海图书资料

能看懂英文版《航路指南》《世界大洋航路》《航海图书总目录》、海图说明和《航海通告周版》及《航海通告年度摘要》的内容。

5. 危险货物和特殊货物运输业务

了解国际危险货物运输规定；了解大件货、超重货、超长货、贵重物品等规定；能写出常用危险货物名称。

6. 船舶业务函电

能阅读并理解常用英文申请书、业务通知书、海事声明及事故报告；掌握业务信件、电报电传的书写格式；能起草相关业务函电。

7. 船舶结构与设备

掌握甲板设备、甲板结构、消防救生设备名称并能正确书写；能正确填写应急部署表。

8. 导航仪器说明书

能看懂雷达、ARPA、GPS 等航海仪器英文操作说明书；能根据说明书进行相关操作。

9.《国际海上避碰规则》

能正确翻译《国际海上避碰规则》的 1～19 条；掌握《国际海上避碰规则》的常用术语。

10. 船舶修理业务

了解修理单的句型结构；能借助资料起草与本职务相关的修理项目表。

11. 货运业务与单证

了解常用装货单证和卸货单证的内容；了解租船合同常见用语。

第四节　轮机工程专业人才要求及教学内容

一、轮机工程专业人才基本要求

本专业学生主要学习轮机工程和船舶电子电气设备管理等的基本理论和基本知识，受到船舶管理、轮机维修、船舶电气、船机修造等方面的基本训练，具有实际操作、管理现代化船舶机电设备、轮机科技创新的基本能力。

毕业生应获得以下几方面的素质、知识和能力。

1. 素质要求

（1）热爱祖国，拥护中国共产党的领导，政治立场正确，思想坚定，具有为国家富强、民族振兴而奋斗的理想。

（2）具有良好的思想道德品质、社会公德和海员职业道德，敬业爱岗、艰苦奋斗、遵纪守法、团结合作，有奉献航运事业和促进航运事业发展的意识和精神。

（3）理论联系实际，勤奋好学，掌握基础的科学知识和基本专业技能，得到创新意识、适应能力的初步培养和训练，具有到一线工作的吃苦精神。

（4）积极参加体育锻炼，达到大学生体育锻炼标准和国家海事局要求的身体素质；受到必要的军事训练和半军事化管理，具有健康的身体、健全的人格、良好的心理素质和行为习惯。

2. 知识要求

（1）掌握船舶机电管理领域所必需的较为系统的基础科学理论、扎实的学科基础理论和必要的专业知识，了解相关的科技发展动向。

（2）掌握船舶管理、轮机维修电子电气与控制工程、船机修造的实践知识和技能，具有海洋环境保护观念。

（3）熟悉国际、国家关于航海、水运方面的公约、方针、政策和法规。

（4）了解基本的军事和国防知识。

3. 能力要求

（1）具有较强的分析解决轮机工程和船机修造工程实际问题的能力、初步的科技研究和开发能力、组织管理能力。

（2）具有较强的英语和计算机应用能力，能比较熟练地阅读本专业英文图书资料、书写业务函件及单据等，并具备一定的听说能力。

（3）有独立获取本专业知识、更新知识和应用知识的能力，掌握文献检索、资料查询的基本方法，具有较强的自学能力。

（4）系统地掌握船舶机电设备管理所需的各种知识，能胜任船舶机舱值班工作，具有较强的动手能力和独立工作能力。

（5）能熟练掌握车、钳、焊等基本工艺，具有对船舶机电设备的运行工况及其性能参数进行测量分析和调整的能力。

（6）了解体育运动和心理学的基本知识，掌握科学锻炼身体的基本技能，达到国家规定的大学生体育合格标准，具备健康的体魄和健全的心理，具有适应国际海船船员要求的身体素质和心理素质。

二、专业教学的基本要求与核心课程介绍

轮机工程专业根据国际海事组织 STCW 公约马尼拉修正案和我国相关海事法规的要求，以"服务航运经济发展为宗旨，行业需求为导向，航海岗位职业技能培养为主线"，培养具有较强的实践技能和创新能力的高级应用型人才，将海

船船员适任标准融入日常教学中，实施学位教育与职业资格教育相融合的"双证书"培养模式，实现毕业生与工作岗位的"无缝对接"，确保培养出符合国际要求的航运人才。

学生在校期间，一方面，需要通过学历教育，毕业时获取本科学历证书；另一方面，需要参加国家海事局组织的适任考试，获取"三管轮"适任证书考试合格证明，具备一毕业就能上岗的资格和能力。

（一）课程设置

根据专业教学的基本要求，轮机工程专业按照一年级夯实基础、二／三年级进行专业理论＋基本技能＋职业技能教育、四年级参加海上航行适岗实习和毕业设计的流程，开展学历教育＋职业教育的教育形式，构建基于国际海事组织 IMO 的 STCW 公约、满足教育法规要求的"应用型人才国际化培养"模式。

其主要的教学内容分为理论教学、实践教学和船员专业技能适任培训三大部分。其中，理论教学和实践教学具有双重功能，既满足学历教育，又满足船员适应拟任岗位所需的专业技术知识和能力；船员专业技能适任培训是专门为满足职业证书而设置的。

（二）核心理论课程介绍

根据《中华人民共和国海船船员适任考试大纲》的规定，无限航区一等三管轮证书适任考试的科目为主推进动力装置、船舶辅机、船舶电气与自动化、船舶管理、轮机英语等五门。根据以上五门适任考试的科目的考试大纲，结合学历教育的要求，本专业开设的核心理论课程有船舶柴油机船舶辅机、船舶电气设备、船舶管理、轮机维护与修理、轮机自动化、轮机英语等。各门核心课程的主要介绍如下：

1. 船舶柴油机

船舶柴油机是轮机工程专业的重要专业课之一，是 STCW 公约所要求的海船船员必修知识，也是国家海事局海船船员适任证书考试的必考内容之一。柴油机是船舶推进装置的主动力，也是船舶发电装置的原动力，还是救生艇的推进装置和应急消防泵的动力来源。因此，轮机工程专业的学生必须系统地学习本课程的理论知识，并进行必要的实验和实践技能的训练，掌握船舶柴油机的使用、维护、保养所必需的知识技能。通过本课程的学习，使学生掌握柴油机的基本工作原理、性能、各附属系统等方面的基本理论知识，掌握柴油机的基本结构形式、零部件的构造、维护保养运转管理等方面的基本知识，以满足现代船舶对轮机管理人员主推进动力装置理论与实践技能的要求。

本课程的主要内容如下：柴油机基本知识，柴油机的总体结构及主要部件，燃油的喷射和燃烧，换气、换气机构和增压，柴油机系统，柴油机及推进轴系的振动，柴油机特性及选型，调速装置，柴油机启动、换向和操纵系统，示功图测录与分析，柴油机运行管理和应急处理。船舶柴油机课程的特点如下：

（1）本课程是一门应用性和实践性很强的学科，学生学习后即可掌握船舶柴油机的工作原理、使用、维护、保养等知识，如果要获得高级船员资质，还应通过国家海事局组织的评估考试；

（2）对于轮机工程专业，本课程是必修课；

（3）本课程强调理论与实践相结合，注重知识与经验相结合；

（4）本课程内容系统性较强，各章节联系比较密切，部分内容比较抽象，对学生来说，有一定学习难度。

2. 船舶辅机

船舶辅机是一门多科性的综合专业课程，其内容庞杂、涉及范围广、学科覆盖能力强。在教学中既要重视理论知识的讲授，又要重视学生实践技能的培养。船舶辅机是轮机工程专业的一门重要的主干专业课程，也是国家海事局规定的海船船员适任证书统一考试科目。本课程研究的主要内容有船用泵和空气压缩机、甲板机械、船舶制冷装置和空气调节装置、船舶辅锅炉装置和海水淡化装置。船舶辅机课程特点如下：

（1）船舶辅机是实用性很强的一门学科；

（2）其理论知识较为抽象，涉及多门基础学科，计算复杂，学习难度较大，易造成教师难教和学生厌学的情况；

（3）课程必须满足 STCW 公约和《中华人民共和国海船船员适任考试大纲》的相关要求，内容不断更新；

（4）本课程强调理论与实践相结合；

（5）课程的各部分内容没有直接密切的联系。

船舶辅机课程的目的在于使学生较为全面地理解各种船舶辅机的工作原理、性能特点、典型结构，并掌握管理要点；培养学生科学地管理、使用、维修及评估设备系统的技术能力，分析、处理常见故障的独立工作能力和及时了解与正确管理船舶辅机先进技术设备的能力，满足 STCW 公约和《中华人民共和国海船船员适任考试大纲》对本课程的要求，并具有一定的设计能力。

3. 轮机维护与修理

轮机维护与修理是航海类轮机工程专业的主要专业类课程，也是主干课，具有很强的实践性，是 STCW 公约规定的专业必修课程。它主要阐述船舶维护与修理及现代维修理论，介绍有关船机修造的工艺基础知识与实用技术，使学生比较全面地了解我国的修船制度及现代船机修造新工艺、新技术的应用概况，掌握相关领域的理论知识的能力，为将来从事高级轮机管理的船机设备自修等工作打下初步基础。本课程为学生从事轮机维护与修理工作奠定基础，包括基本理论、基本方法和基本工艺，培养学生在轮机零件失效，轮机故障诊断，主推进动力装置检修，船舶监造、验收等方面的分析问题、解决问题的综合能力。通过对本课程的学习，能够使学生进一步掌握船舶维修保养工作的组织管理方法及分析解决问题的能力，这不论是在轮机管理还是船机修造方面，都起着重要的作用。

根据 STCW 公约马尼拉修正案要求，本课程内容主要包括以下知识点：船机零件的摩擦、磨损与润滑，船机零件的化学腐蚀，电化学腐蚀与穴蚀，船机零件的疲劳破坏，柴油机主要零部件的检修，船机故障及船舶维修保养体系，船机拆验、清洗与装配，船机零件的机械加工、电镀、热喷涂、焊补、金属扣合、塑性变形、有机及无机黏接和研磨等修复工艺的技术特点与应用，船机零件的缺陷检验，轮机故障诊断技术，修船的种类与原则、修船的组织，坞修工程以及交船试验。

轮机维护与修理课程的特点如下：

（1）轮机维护与修理是伴随着船舶维修技术的发展而不断发展起来的轮机学科课程，因此教学过程中需不断更新理念，紧跟快速发展的轮机维护与修理的科技发展步伐；

（2）本课程实践性强，要充分利用多媒体课件及学生认知实习的机会，使学生学会理论联系实际；

（3）本课程部分知识点关联到船舶管理与船舶柴油机等课程相关知识，要使学生多联系，学会比较记忆；

（4）本课程的任课教师应具备系统全面的轮机维护与修理的知识和实践经

验，并符合国家海事局的任职要求；

（5）本课程应注重基础理论的掌握与应用，做到课堂讲授与实验密切配合。

4.船舶管理

船舶管理是轮机工程技术专业的主要专业必修课之一，是依据 STCW 公约中船舶作业管理和人员管理功能而设置的一门课程。该课程是建立在轮机工程专业的各项基础课程和专业课程之上的一门跨学科综合应用型课程，同时又是高级船员职务晋升考试的必考课程，其涉及知识面广、实践性强。它需在专业基础和其他专业课程学习完成的基础上进行学习，可使过去学过的各门专业课的理论和管理方面的知识得到进一步的系统化。

随着船舶模式的不断创新及管理认识的提高，海船船员综合素质方面的要求也越来越高，因此，从适岗的要求出发，需要加强知识能力教育和资源管理能力的应用。通过本课程的学习，确保学生达到海船船员操作级的基本理论要求，同时为管理级打下坚实的理论基础。

（1）船舶管理的主要内容

船舶管理的主要内容包括船舶原理、船舶及船员相关国际法规、船舶经济性及安全管理、船舶资源管理等四个相关的知识模块。各知识模块所包含的内容如下：

①船舶原理知识模块。

船舶发展与分类；船舶结构；船舶适航性能。

②船舶及船员相关国际法规知识模块。

船舶防污染管理；船舶营运安全管理；船舶人员管理。

③船舶经济性及安全管理知识模块。

船舶营运经济性管理；船舶安全操作及应急处理。

④船舶资源管理知识模块。

船舶物料、备件、油料管理；机舱资源管理。

（2）船舶管理的主要特点

①船舶管理是实践性很强的学科；

②本课程涉及的法规等方面知识理论性较强，操作内容较少，易造成教师照本宣科和部分学生缺少兴趣的情况；

③本课程是原动力装置管理（轮机管理）、船舶安全与管理、资源管理等课程的综合，需先修较多学科，重在理论结合实践，对国内部分院校在校期间无法上船实习的学生来说，学习难度较大；

④本课程的内容有联系密切的系统性，因此，要求学生首先掌握基本知识，然后通过具体案例，将理论知识应用到具体实践中。

5.船舶电气设备

船舶电气设备是为轮机工程专业学生开设的专业课程。该课程涉及的内容较多，具有较强的理论性和实践性，是电工技术和控制技术在船舶上应用的一门综合性课程。通过本课程的学习，使学生从中获得船舶电气设备的工作原理和运行管理方面的基本知识、基本理论和基本技能，培养学生独立操作和管理船舶电气设备的综合能力，掌握分析实际问题和应对问题的方法，为日后适任岗位、进一步深入学习和研究打下坚实的基础。

该课程研究的主要内容如下：

船舶电气设备与系统共20章，介绍了电与磁、变压器、直流电机、交流异步电动机、同步电机、控制电机、电力拖动基础、船舶交流及直流电动机控制电路、船舶甲板机械电力拖动控制系统、船舶舵机的电力拖动控制系统、船舶辅助机械的电力拖动控制系统、船舶电力系统的组成、同步发电机的并联运行、同步发电机电压及无功功率自动调整、电力系统频率及有功功率自动调整、船舶电站自动化系统、船舶照明系统管理、船舶安全用电知识、油船及特种船舶电气系统的安全管理和船舶电气管理人员的安全职责。

本课程根据当代船舶电气工程技术的发展和航运管理的实际需要，结合多年理论教学和实践教学的体会，注重理论原理与应用技术相结合，突出应用性和针对性，取材新颖，深浅适度，为日后适任岗位及进一步深入学习和研究打下扎实的基础。

6. 轮机自动化

现代化船舶设备正朝着智能化、网络化、数字化的方向发展，包括信息技术在内的新技术的应用越来越广泛与深入。所以，STCW 公约马尼拉修正案对轮机管理人员的船舶自动化设备及控制系统的维护管理技能要求越来越高。

轮机自动化是轮机工程专业的一门主干专业课，是 STCW 公约要求的海船船员适任证书考试及评估考试内容之一。课程的教学内容包括轮机自动化基础理论教学、轮机自动化系统理论教学、课程实验及教学实践四个环节。轮机自动化基础为学生掌握自动控制技术打下理论基础，并建立系统的概念；轮机自动化系统强调工程及船舶中的应用与管理；课程实验围绕课程内容，加深课程教学内容的理解和培养动手能力；教学实践着重实际应用能力和创新能力训练。

轮机自动化课程的特点如下：

（1）本课程是一门理论性较强的课程；

（2）本课程控制范围广，控制概念抽象，其中的反馈理论贯穿于整个课程中；

（3）本课程涉及船舶柴油机、船舶辅机、电工学等相关知识，各学科之间关联性较强；

（4）理论与实践相结合，在实践中熟悉掌握相关理论知识。

本课程应达到的相关要求：熟练掌握自动化仪表的调试和维修技能；熟练地掌握无人机舱辅助设备及其自动控制系统操作方案和管理技能；掌握主机常见机型遥控设备的维护管理及排除故障；掌握无人机舱监视与报警系统工作原理及操作方法。

（三）船员适任证书理论考试科目

国家海事局是我国的海事主管机关，其主要职责之一就是负责我国的船员适任资格培训、考试、发证管理。船舶轮机员必须经过系统的专业教育，并参加国家海事局主持的船员适任证书考试，考试合格后，方能取得任职资格。目前，船员适任证书理论考试科目有主推进动力装置、船舶管理、船舶电气与自动化、船舶辅机、轮机英语。

主推进动力装置科目考试内容涵盖了高等航海教育中轮机工程基础、船舶柴油机、轮机维护与修理三门课程的内容，包含基础理论知识、船舶柴油机、船舶推进动力装置三部分内容。

考试大纲中规定的考核项目如下：理论力学，材料力学，机构与机械传动，金属材料及其工艺，船机零件的摩擦与磨损，船机零件的腐蚀及其防护，船机零件的疲劳破坏，柴油机的基本知识，柴油机主要部件及检修，燃油的喷射与燃烧，柴油机的排放控制，柴油机的换气与增压，船舶动力系统，柴油机的调速装置，柴油机的启动、换向和操纵，柴油机电子控制技术，示功图的测录与分析，柴油机的运行管理与应急处理，动力装置概述，轴系、螺旋桨、柴油机及推进轴系的振动和平衡，船舶推进装置的工况配合特性。

船舶管理科目考试内容涵盖了高等航海教育中船舶管理、轮机维护与修理两门课程的内容，考试大纲涉及的内容如下：船舶结构与适航性控制，船舶防污染管理，船舶营运安全管理，船舶营运经济性管理，船舶安全操作及应急处理，船舶人员管理，船舶维修管理，船舶油类、物料及备件管理，机舱资源管理。

船舶电气与自动化考试内容涵盖了高等航海教育中船舶电气设备、轮机自动化两门课程的内容，考试大纲涉及的内容如下：船舶电子、电气基础，船舶电机与电力拖动系统，船舶发电机和配电系统，船舶电气、电子设备的维护与修理、故障诊断与功能测试，船舶反馈控制系统基础，船舶计算机及船舶网络基础，船舶机舱辅助控制系统，船舶蒸汽锅炉的自动控制，船舶主机遥控系统，船舶机舱监测与报警系统，船舶火灾自动报警系统。

船舶辅机科目考试内容涵盖了高等航海教育中的轮机工程基础、船舶辅机两门课程的内容，考试大纲涉及的内容有基础理论知识、船用泵、船舶辅助管系、活塞式空气压缩机、船舶制冷装置、船舶空气调节装置、船舶液压设备、造水机、船用锅炉。

轮机英语科目考试内容主要是与轮机工程有关的文献和文章及英版图书资料、法规文件及其常用术语、词汇和词组等。作为船员适任证书理论考试科目，轮机英语考试大纲所列考察内容主要是与专业相关的，如船舶主推进装置、船舶辅助机械、船舶电气和自动化、船舶轮机管理业务、国际公约、值班规则、轮机业务书写等方面的英语阅读与写作能力。

三、专业的实训、实习主要内容与评估考证要求

实践教学在应用型轮机工程专业人才培养中有着理论教学不可替代的作用，学生的动手能力、综合能力和创新能力都需要实践教学环节来支撑。2014 版人才培养方案中，实验实训课时占 33%。轮机工程专业以实践技能培养为核心，以企业需求为导向，以校企共建为途径，构建实践教学体系，实现产学无缝对接，形成"实验、实训与创新实践多维一体、有机结合"的实践教学体系。

实践教学体系努力实现"三通过、三提升"（通过实验，提升学生动手能力；通过实训，提升学生综合应用能力；通过专业学科竞赛、创新科技项目和进企业项目组顶岗实习，提升学生创新素质），有效地培养学生学习、分析与解决问题的能力，强化学生的团队合作、规范竞争、开拓创新等海船轮机员应具备的基本意识和素质。

（一）轮机工程专业评估科目

轮机工程专业评估大纲制定的评估科目总计有 7 项，具体为金工工艺、船舶电工工艺和电气设备、船舶电站操作、动力设备拆装、动力设备操作、机舱资源管理、轮机英语听力与会话。

1. 金工工艺

（1）教学目的

本课程是轮机管理专业教学计划中的重要实践环节，通过本课程达到了解车、钳、焊工艺基础知识；掌握初步的车、钳、焊操作技能，从而达到 STCW 公约中对轮机员车、钳、焊操作技能的要求；为学生顺利通过海事局海船船员适任评估中的金工工艺评估奠定基础。

（2）质量标准及要求

通过本实训项目的训练，在满足轮机工程专业学历要求的同时，使学生达到中华人民共和国海事局《中华人民共和国海船船员适任评估大纲和规范》对船员所规定的金工工艺项目的相关知识和技能，以及操作和应用能力，满足国家海事局签发船员适任证书的必备条件。

（3）基本内容

车工工艺：工件的安装与找正；刀具安装、使用、刃磨；各种量具使用方法；外圆、内孔、端面、螺纹、锥面等车削加工方法；掌握车床安全操作与保养。

钳工工艺：锉刀、刮刀、手锯、台钻、管钳、丝锥、板牙等手动和电动工具的使用方法和操作技能；行铲、锉、锯割、钻孔、攻丝、套丝、刮研、管加工等加工方法和钳工装配。

电焊工艺：手工电弧焊及气焊设备特点工艺适用范围；手工电弧焊进行板平焊、对接焊、角焊、管对接焊。

气焊工艺：气焊（割）火焰调整、回火处理；气焊板切割、管对接焊并熟知电焊、气焊安全操作规程。

2. 船舶电工工艺和电气设备

（1）教学目的

通过本实训项目的训练，使学生达到中华人民共和国海事局《中华人民共和国海船船员适任评估大纲和规范》对船员所规定的船舶电工工艺和电气测试项目的实际操作要求，满足国家海事局签发船员适任证书的必备条件。

（2）质量标准及要求

通过本实训项目的训练，在满足轮机工程专业学历要求的同时，使学生达到中华人民共和国海事局《中华人民共和国海船船员适任评估大纲和规范》对船员所规定的船舶电工工艺和电气设备项目的相关知识和技能，以及操作和应用能力，满足国家海事局签发船员适任证书的必备条件。

（3）基本内容

包括：万用表的使用；钳形电流表的使用；交流电压表和电流表的使用；便携式兆欧表的使用；继电器、接触器的维护和参数调整；电磁制动器间隙的测量和调整；线路、电路板及电气元件焊接；电气控制箱的维护与保养及故障的查找与排除；船用电机的维护保养；电缆的使用；照明设备的维护与检修。

3. 动力设备拆装

（1）教学目的

使学生熟练掌握典型船舶机械设备的拆装步骤和基本要领、专用工具使用、所要求的间隙测量方法、重要零部件的修复方法及修复后的检验，以及船舶各主要辅助设备的操作要领及运行中的维护管理，使学生能够顺利通过国家海事局的实操评估考试。

（2）质量标准及要求

通过本实训项目的训练，在满足轮机工程专业学历要求的同时，使学生达到中华人民共和国海事局《中华人民共和国海船船员适任评估大纲和规范》对船员所规定的动力设备拆装项目的相关知识和技能，以及操作和应用能力，满足国家海事局签发船员适任证书的必备条件。

（3）基本内容

包括：气缸盖拆装与检查；气阀机构的拆装与检验、气阀的研磨与密封面检查、气阀间隙的测量与调整；气缸套拆装与测量；活塞组件拆装；活塞环拆装和测量；连杆与连杆螺栓拆装与检修；主轴承的拆装与测量；喷油泵的拆装与检修；喷油器的拆装与检修；曲轴臂距差的测量与计算、曲轴轴线状态分析；空气分配器、示功阀、气缸启动阀和安全阀的拆装与检修；分油机的解体、检修与装复；离心泵的拆装；往复泵的拆装；齿轮泵的拆装；活塞式空压机的解体、检修与装复；锅炉排污阀和给水止回阀的解体、研磨组装；锅炉水位计解体，更换床垫后组装；锅炉喷油嘴解体、检查，雾化片研磨、组装。

4.动力设备操作

（1）教学目的

通过专门的训练，使学生能熟练掌握船舶动力设备正确规范操作、动力装置测量仪器与测试方法；其主要目的是培养学生的动手能力、分析和解决的问题、加深对专业课的进一步理解。

（2）教学质量标准及要求

通过本实训项目的训练，在满足轮机工程专业学历要求的同时，使学生达到中华人民共和国海事局《中华人民共和国海船船员适任评估大纲和规范》对船员所规定的动力设备操作项目的相关知识和技能，以及操作和应用能力，满足国家海事局签发船员适任证书的必备条件。

（3）基本内容

包括：船舶主柴油机操作管理；船舶辅锅炉操作与管理；发电柴油机的操作与管理；活塞式空气压缩机操作与管理；分油机的操作和运行管理；油水分离器的操作和运行管理；造水机的操作和运行管理；液压甲扳机械操作管理；泵系统操作。

5.机舱资源管理

（1）教学目的

通过培训，使学员达到补差大纲中所涉及的知识、能力与素质要求。学员通过补差培训，能够掌握船舶轮机新技术方面的知识；掌握机舱资源管理的基本内容、管理技能和应急处理能力；掌握公约与法规的一些新内容。

（2）教学质量标准及要求

通过本实训项目的训练，在满足轮机工程专业学历要求的同时，使学生达到中华人民共和国海事局《中华人民共和国海船船员适任评估大纲和规范》对船员所规定的机舱资源管理项目的相关知识和技能，以及操作和应用能力，满足国家海事局签发船员适任证书的必备条件。

（3）培训手段

课堂教学与模拟器训练。

（4）培训内容

船舶轮机新技术：电控柴油机、计算机控制的船舶电站、船舶机舱网络化监控系统。机舱资源管理：概述、组织、轮机部团队、人为失误与预防、通信与沟通、案例分析。

公约与法规：STCW 公约马尼拉修正案主要内容、《2006 年海事劳工公约》、MARPOL 公约新生效内容、船舶压载水公约主要内容、《中华人民共和国海船船员适任考试和发证规则》及相关规范性文件、《中华人民共和国海船船员值班规则》《中华人民共和国船员服务管理规定》《中华人民共和国海员外派管理规定》、防治船舶污染海洋环境管理条例、船舶及其有关作业活动污染海洋环境防治管理规定。

（二）专业实验室介绍

"工欲善其事，必先利其器。"为完成上述实训项目，航运院校必须建设相应的专业实验室。这些实验室包括大型轮机模拟器实验室、动力设备（主机）拆装实验室、动力设备（主机）操作实验室等。

1. 大型轮机模拟器实验室

2005 年 6 月，海运学院大型轮机模拟器实验室通过验收并投入使用。轮机模拟器作为航海院校轮机工程专业学生和轮机员的重要教学训练设备，已经在现代轮机教学和培训工作中得到广泛应用，并在海运人才培养方面发挥着重要的作用。它通过仿真硬件及软件相结合的方法，把现代船舶机舱的工作情况较为真实地再现在学员眼前，并可进行操作、值班和故障排除等训练的系统。

可实现的主要功能如下：本科学生系统操作，主机遥控系统参数调整，故障分析排查，自动电站系统等的学习；轮机长模拟器项目实训、评估；大管轮自动化机舱项目实训、评估。

2.动力设备（主机）拆装实验室

动力设备（主机）拆装实验室全面建设始于 2000 年，主要用于学生进行柴油机吊缸拆装、零部件检验与测量的实习训练。通过实习训练，使学生掌握柴油机拆装技术的基本知识和安全操作规则，提高学生的实际动手能力，更好地服务于社会。同时按照中华人民共和国海事局《中华人民共和国海船船员适任评估大纲和规范》对船员所规定的实操、实作技能要求，满足国家海事局签发船员适任证书的必备条件，作为进行大管轮、二 / 三管轮、值班技工培训的场所。

主要设备如下：6300ZC 柴油机 1 台（主拆机型）；6250 柴油机 1 台（辅拆机型）；6135 柴油机 2 台；4135 柴油机 3 台；喷油器试验台 2 台；液压拉伸器装置 1 台；洋马机机座（带曲轴及主轴承）1 台；喷油泵、喷油器各 8 个。

四、英语对专业的重要性与轮机英语课程介绍

（一）英语对轮机工程专业的重要性

航运市场早已经国际化，越来越多的中国船员进入国际航运人才市场。第一，中国船舶运力已经位居全球第一，我国航运企业航线遍及世界各地，更多的中国船员走向世界各地。第二，航运市场的东移，海员外派必将成为我国对外劳务合作的新增长点，我国每年外派海员数量近 10 万人次，已成为世界重要的海员劳务输出国。第三，航运界国际交流、国际合作不断增多，船员班子呈多国化的趋势，不同国籍船员之间同船工作的机会日益增多。

在国际航运界船员必须具备的综合素质和业务能力中，使用英语的能力尤为突出和重要，船员的业务能力和专业水平是通过航运界的通用语言——英语表现出来，特别是高级船员使用英语的能力及其熟练程度在保障船舶安全、货物安全和人身安全方面起着举足轻重的作用。

由于科技的不断进步，课堂知识的更新落后于船舶设备的发展，因此，实船工作中的学习日渐重要，而最新的设备一般用英语介绍，这更说明了轮机英语学习的重要性，这同时也对轮机英语的教学提出了更高的要求。

综上所述，我国船员的英语水平不仅关系到船员能否进入国际航运人才市场，关系到他们能否在国际航运界立足、能否在国际航运界占有一席之地、能否被外籍船主雇用的问题，还关系到他们能否在一个由不同国籍船员组成的船员班子中，与他国船员在生活、工作中进行思想交流、感情沟通、克服孤独感的问题，甚至还会影响到劳务合同是否被提前解除，是否会使个人和国内公司蒙受经济上、信誉上的损失，以及导致某些心理问题。

航海类院校必须重点强化英语教育，突破语言障碍，培养能融入国际航海业的高级航海人员。因此，提高轮机工程专业毕业生的英语水平，特别是英语听说水平已经成为当务之急。为此，应着重培养英语运用能力满足适岗要求，满足社会需要的高质量海运人才。

（二）轮机英语课程介绍

1. 课程的设置

根据国际海事组织（IMO）2010 年在马尼拉修订的《1978 年国际海员培训、发证和值班标准国际公约》的规定，中国海事主管机关设置了轮机英语适任考试科目和轮机英语听力与会话适任评估项目。轮机工程专业也相应地设置了轮机英语和轮机英语听力与会话两门课程。

2. 轮机英语课程简介

（1）课程性质

轮机英语是轮机管理专业三年级本科生开设的一门专业必修课。轮机英语教学紧密围绕专业培养符合国际海事组织（IMO）2010 年修订的《1978 年国际海员培训、发证和值班标准国际公约》和能胜任现代船舶机电管理技术要求、具有国际竞争力的高级工程技术人才的目标，结合轮机工程专业毕业生远洋工作的鲜明特点，在模拟真实工作的环境中传授给学生切实需要的理论和实际工作知识。

（2）课程主要教学内容

包括：船舶主推进动力装置辅助机械装置、电气电子设备、国际公约和规范、值班规则、轮机书写信函报告等，具体内容如下：

①第一章——主推进装置

教学目的和要求：使学生能熟练阅读并理解船舶柴油机结构、工作原理、柴油机各工作系统、船舶轴系及主机新技术等方面的英文出版物和技术资料。

②第二章——船舶辅助机械。

教学目的和要求：使学生能熟练阅读并理解船用泵，船用锅炉，液压甲板机械，船舶制冷和空调装置，船舶防污设备及船舶消防设备的结构、原理、使用及维修保养等英文内容和技术资料。

③第三章——船舶电气及电子设备。

教学目的和要求：使学生能熟练阅读并理解船舶电气及自动化设备工作原理及管理的英文资料。

④第四章——船舶轮机的管理

教学目的和要求：使学生熟练阅读并理解船舶动力设备管理的相关英文资料。

⑤第五章——国际公约和规则

教学目的和要求：使学生能熟练阅读并理解国际海上安全运行法规及有关国际公约的英文资料。

⑥第六章——轮机英语书写

教学目的和要求：使学生能熟练运用英语书写轮机日志，编制物料单、修理单；掌握如何书写油类记录簿和事故报告；掌握电函、信函的书写格式。

（3）基本要求及重点、难点说明

本课程教学应达到的基本要求如下：

①专业英语词汇：掌握 3500 个单词。

②阅读能力：能熟练阅读各种轮机英语书籍、资料，阅读速度达每小时 2500 个单词（约每分钟 40 个单词），阅读并理解 IMO、MARPOL、STCW 公约等国际、国内和当地的有关船舶安全管理法规。

③翻译能力：借助词典能较熟练翻译各种轮机英语书籍、资料，理解正确，译文达意，笔译速度每小时 500 个英语单词。

④书写能力：用词得当，书写格式标准，语法规范；掌握轮机英语常用缩写语；熟练书写船舶航行动态、设备运行及检修情况等轮机日志；熟练编写修理单和物料单；掌握电函、信函、油类记录簿和事故报告等书写格式。

3. 轮机英语听力与会话课程简介

（1）课程性质

轮机英语听力与会话课程是轮机工程专业的一门主干专业课程，它也是专门用途英语（ESP）中的一种，属语言类课程。专门用途英语有独特的词汇、句法和结构模式，与基础英语有很大区别。专门用途英语也是一门语言，其教学不仅包含英语语言技能的训练，而且有明显的专业内涵，是语言技能训练与专业知识学习的结合。培养轮机英语应用能力是本课程的目标，而轮机英语应用能力是专业人才所必备的素质。

（2）课程任务

本课程的教学任务是学生学习与机舱人员的会话、与驾驶员之间的业务会话、交接船时的业务会话、装油时的业务会话。进行业务会话、听力训练的目的是使学生能更好地胜任以后的专业工作。

（3）教学质量标准及要求

通过本实训项目的训练，在满足轮机工程专业学历要求的同时，使学生达到中华人民共和国海事局《中华人民共和国海船船员适任评估大纲和规范》对船员所规定的轮机英语听力与会话评估项目的相关知识和技能及操作和应用能力等要求，满足国家海事局签发船员适任证书的必备条件。

（4）基本内容

①第一章——公共英语。

日常对话用语；日常值班交接班用语；采购物料备件用语。

②第二章——机舱日常业务。

主机运行工况用语；辅机运行工况用语；机舱值班操作应急指挥用语。

③第三章——驾机联系。

机舱值班情况通报；压载水调驳用语；甲板机械操作联系用语；机器处所污水排放联系用语。

④第四章——应急用语。

紧急通信联系用语；求生与急救用语；溢油与油污染应急处理用语。

⑤第五章——对外业务联系。

与验船部门联系用语；设备交验用语；文件和资料交接用语；备件和物件交和语；船舶进厂和离厂时与厂方联系用语；校对修船船账时用语。

⑥第六章——PSC/ISM 检查。

与 PSCO 交流设备安全用语；与 PSCO 交流防污设备用语；与 PSCO 交流应急求生设备用语。

（5）基本要求及重点、难点说明

①熟悉主辅机运行工况、机舱值班操作应急指挥（机舱失火、船舶搁浅和碰撞等）时的用语；

②掌握与驾驶员之间的业务会话和修船时与船厂的业务会话；

③初步具备交接船时的业务会话、与港口检查人员业务会话的能力；

④熟悉申请接收船或设备时，与港方及船舶联系用语；

⑤具有船舶一般业务标准英语听力的理解能力。

第五节 船舶电子电气工程专业人才要求及教学内容

一、船舶电子电气工程专业人才基本要求

本专业学生主要学习船舶电子电工技术、自动控制原理、船舶电力拖动、船舶电站、船舶导航系统等方面的基本理论和基本知识，进行船舶电站实操、船舶电子电工技术、船舶自动化、船舶电子电气员英语等方面的基本训练，具备船舶电气设备的操作与维护、技术管理等方面的工作能力。

毕业生应获得以下几方面的素质、知识和能力：

（一）素质结构

（1）热爱祖国，拥护中国共产党的领导，政治立场正确，思想坚定。

（2）具有良好的道德品质，具备社会责任感，遵守社会公德和法律。

（3）理论联系实际，勤奋好学，掌握基础的科学知识和基本专业技能，具有创新意识、适应能力的初步培养和训练，具有到一线工作的吃苦精神。

（4）具有健康的身体、健全的人格、良好的心理素质和行为习惯，具有合作精神。

（二）知识结构

（1）掌握船舶电子电气领域所必需的较为系统的基础科学理论、扎实的学科基础理论和必要的专业知识，了解相关的科技发展动向。

（2）掌握船舶电子电气设备和控制系统的实践知识和技能。

（3）熟悉国家关于海洋开发和保护、船舶航运等方面的方针、政策和法规。

（4）了解基本的军事和国防知识。

（三）能力结构

（1）具有较强的分析解决理论和工程实际问题的能力，初步的科技研究和开发能力，组织管理、生产经营能力和自学能力。

（2）具有正确运用本国语言、文字的表达能力，掌握一门外语，具有较强的外语与计算机应用能力。

（3）掌握文献检索、资料查询的基本方法，具有较强的自学能力和一定的独立工作能力。

（4）了解体育运动的基本知识，掌握科学锻炼和养护身体的知识与方法，身心健康，达到大学生体育合格标准。

二、专业教学的基本要求与核心课程介绍

船舶电子电气工程专业根据国际海事组织 STCW 公约马尼拉修正案和我国相关海事法规的要求，以"服务航运经济发展为宗旨，行业需求为导向，航海岗位职业技能培养为主线"，培养具有较强的实践技能和创新能力的高级应用型人才，将海船船员适任标准融入日常教学中，实施学位教育与职业资格教育相融合的"双证书"培养模式，实现毕业生与工作岗位的"无缝对接"，确保培养出符合国际要求的航运人才。学生在校期间，一方面，学生需要通过学历

教育，毕业时获取本科学历证书；另一方面，需要参加国家海事局组织的适任考试，获取电子电气员适任证书考试合格证明，具备一毕业就能上岗的资格和能力。

（一）课程设置

本课程主要的教学内容分为理论教学、实践教学和船员专业技能适任培训三大部分。其中，理论教学和实践教学具有双重功能，既满足学历教育，又满足船员适应拟任岗位所需的专业技术知识和能力；船员专业技能适任培训是专门为满足职业证书而设置。

（二）核心理论课程介绍

船舶电子电气工程专业是集船舶电子、电气、自动化、信息技术与通信导航及船舶管理于一体，以国际海事公约和国家海事法规为标准，以行业需求为导向，具有鲜明的水上交通行业特色的本科专业。本专业按照学校确定的"培养有成长力的交通行业一线工程师和管理者"的办学定位，以电气工程、轮机工程和航海技术为基础，以船舶远洋运输为专业发展方向，培养适应船舶海洋运输、船舶电气设备设计与维护所需要的高素质应用型人才。本专业学生主要学习电控与PLC船舶机舱自动化、船舶电站、船舶管理、船舶导航系统等方面的基本理论和基本知识，进行船舶电站实操、船舶电子电工技术、船舶自动化、船舶电子电气员英语等方面的基本训练，核心课程如下：

1. 主机监测与控制系统

主机监测与控制系统讲授船舶柴油机工况监测与控制技术、微机监测系统的控制和监测元器件的工作原理、操作、使用管理、故障监测等方面技术的学科，是船舶电气专业的专业必修课，也是电子电气员适任证书考试内容之一。

船舶主机遥控是离开机旁而在驾驶台或集中控制室对主机进行远距离操纵的一种方式。在这种操纵方式中，操作人员不可能直接利用主机操纵机构本身的手柄或手轮来操纵主机，而必须在操纵部位（驾驶台或集中控制室）发出的操车信号与主机的执行机构之间设置一套综合的逻辑与控制回路。该回路包括组合逻辑回路时序逻辑回路、反馈控制回路及各种安全保护回路。主机遥控系统是轮机自动化的重要组成部分，是实现无人机舱的必备条件之一。

主机遥控不仅能改善轮机管理人员的工作条件，改善船舶的操纵性能，而且还能提高船舶航行的安全性及主机工作的可靠性和经济性。

本课程主要教学内容有主机遥控系统基本概念、主机遥控系统的主要气动元部件、车钟系统及操作部位的转换、主机遥控系统中的逻辑与控制回路、主机遥控系统实例、监视与报警系统等。

主机监测与控制系统课程的特点如下：

（1）它是一门应用型和实践性很强的学科，学完该课程应能对主机遥控系统进行操作与管理，是船员适任证书考试船舶机舱自动化内容之一；

（2）该课程内容涉及船舶柴油机及电工学相关知识，对船舶电子电气专业学生来说有一定难度；

（3）强调理论与实践相结合，知识、经验与法规相结合。

本课程应达到的基本要求是：通过讲解主机遥控系统，使学生掌握主机遥控的基本理论知识，主机气动操纵系统和典型遥控系统的结构、组成和工作原理；熟悉和掌握常用主机监测和控制设备性能特点；了解和熟悉微机工作原理基本知识；掌握微机监测和故障诊断系统的基本工作原理及其在主机监测系统的应用，能运用监测设备进行主机故障分析。

2. 船舶管理

随着船舶操纵和控制模式的不断发展，对海船船员电气方面素质的要求越来越高，因此，从适岗的要求出发，在船舶电气管理和资源管理能力的应用上有了更高的要求。通过本课程的学习，确保学生掌握船舶管理基本理论和要求，同时为以后的船舶实践工作打下坚实的理论基础。

船舶管理课程的依据为 STCW 公约马尼拉修正案，是船舶电子电气工程技术专业的主要专业必修课程之一。本课程是建立在轮机工程专业的各项基础课程和专业课程之上的一门跨学科综合应用型课程，同时又是电子电气员职务晋升考试的必考课程，涉及的知识面广、实践性强。它必须在专业基础和其他专业课程学习完成的基础上进行学习，能够使过去学过的各门专业课的理论和管理方面的知识得到进一步的系统化。

（1）船舶管理学习的主要内容

本课程是由国际公约和国内法规、专业基础基本知识及船舶机械工程系统、船舶电气方面管理、船舶资源管理四个相关的知识模块组成。各知识模块所包含的内容如下：

①国际公约和国内法规

MARPOL 73/78、SOLAS 74、STCW 78/95、2006 海事劳工公约的相关知识；国内船员相关法规。

②专业基础基本知识及船舶机械工程系统

传热学、力学基础、流体力学知识；船舶主机及辅助机械；船舶防污染程序与设备。

③船舶电气方面管理

船舶电气物料、备件管理；机舱资源管理。

（2）船舶管理的主要特点

①本课程是实践性很强的学科；

②本课程涉及的国际及国内法规方面知识，理论性较强，操作内容较少，易造成教师照本宣科和部分学生缺少兴趣的情况；

③本课程是原船舶管理（轮机管理）、船舶辅机、船舶电气、船舶安全与管理等课程的综合，课程内容涵盖广，重在理论结合实践，对国内部分院校在校期间无法上船实习的学生来说，学习难度较大；

④课程的内容有联系密切的系统性，因此要求学生首先掌握基本知识，然后通过具体案例，将理论知识应用到具体实践中。

3. 船舶辅助控制装置

随着科学技术的发展，新型船舶辅机设备在船舶上的应用越来越多。船舶柴油机在运行时，气缸套和气缸盖都需要用淡水来冷却，把冷却用的淡水温度控制在给定值或给定值附近，对柴油机安全、可靠和经济的运转都是十分重要的。燃油供油单元及净油单元可提供给柴油机运行所需要的合适的黏度、温度、压力的净化燃油，保证柴油机在安全运转情况下利用控制系统对锅炉的水位、蒸汽压力进行双位或定值控制，同时利用火焰感受器可监测炉膛内燃烧情况。通过对伙食冷库温度以及舱室内温度和湿度进行控制，可保证船员的日常生活。

船舶辅助控制装置主要讲授船舶辅机的自动控制，包括冷却水温度控制、分油机和燃油供油单元的自动控制、船舶制冷和空调调节装置、船舶辅锅炉控制装置。船舶辅助控制装置是船舶电气专业的一门专业必修课，也是电子电气员适任证书考试内容之一。

学生通过本课程的学习，应该系统掌握船舶辅机控制的基本原理、主要性能，掌握一定的使用管理知识与操作技能，满足国家海事局的全国船员统一考试。

本课程主要教学内容主要有燃油供油单元自动控制系统、分油机自动控制系统、辅锅炉控制系统伙食冷库控制系统、船舶中央空调装置控制等。

船舶辅助控制装置课程的特点如下：

（1）本课程是一门实践性很强的学科，是适任证书考试船舶机舱自动化内容之一；

（2）该课程涉及传感器等相关知识，需要学生能熟悉掌握各类型传感器基本原理。

（3）本课程须理论与实践相结合。

本课程应达到的基本要求是：通过讲解船舶辅助装置控制系统，使学生掌握船舶辅助装置各控制系统的结构、组成和工作原理，并为船舶辅助装置控制系统的管理和故障分析奠定基础。

4. 船舶电力推进系统

船舶电力推进系统是船舶电子电气工程专业的一门专业任选课。近年来，随着电力电子器件、变流技术、传动控制系统以及新能源和新材料等高新技术的飞速发展，船舶电力推进系正在经历着巨大变革。船舶电力推进是一项综合性很强的推进系统，它的发展与许多技术的发展密切相关，涉及电动机制造、电力电子器件、变换器电路、经典和现代控制理论、计算机辅助设计等众多学科领域。

船舶电力推进新技术的研发及应用，将大大减轻船舶污染和海洋环境污染，充分体现了绿色航运和绿色船舶的环保节能理念，这将是今后船舶动力领域的一个发展方向。船舶电力推进系统的主要内容如下：

（1）船舶电力推进中的螺旋桨基本理论、工作特性及螺旋桨对推进电动机的机械特性要求；

（2）船舶电力推进系统中所采用的推进电动机，包括直流推进电动机、多相异步推进电动机、多相同步推进电动机和多相永磁推进电动机；

（3）船舶直流电力推进系统，包括直流推进系统的主电路连接方式、简单的 G-M 系统、带蓄电池组的 C-M 系统恒功率系统、恒电流系统及带整流输出的交流发电机—直流电动机推进系统；

（4）交流电力推进系统中所采用的大功率电力电子器件及其构成的交—交变频器、多电平变频器、H 桥型变频器和电流源型变频器；

（5）交流推进变频器所采用的 PWM 技术，包括正弦 PWM、空间矢量 PWM、特定谐波消除 PWM 及电流滞环 PWM；

（6）交流电力推进系统所采用的调速控制技术，包括标量控制技术矢量控制技术、直接转矩控制技术以及特种推进电动机的控制技术，并举例分析了交流电力推进系统的构成及技术特点；

（7）船舶侧推装置的组成、原理、典型控制系统及其应用。

本课程理论性很强，为学生今后船上、船厂实践工作奠定了理论基础，学生通过本课程的学习，对今后的相关研究和工作大有裨益。

5. 电机与拖动

电机与拖动是船舶电子电气工程专业的一门学科基础课程。通过本课程的学习使学生掌握各种电机的基本结构与工作原理，能独立分析电力拖动系统各种运行状态，合理地选择和使用电动机，为后续船上电力系统及相关设备的维护和管理打下坚实基础。

该课程的主要特点及内容：

（1）本课程相对于其他学科来说，理论性与实践性都较强，因此在理论上将本课程分为四部分，分别为变压器、异步电动机及电力拖动、同步电机、直流电机及拖动。

（2）本课程理论与实践结合，充分利用学校的教学资源、实验设施，全面提高电机与拖动实验课程教学水平，培养出满足社会、企业需求的，真正能力强、素质高的电气类学生。

通过本课程的学习，应使学生掌握交直流电机及变压器的基本理论，工作原理、特性及用途；了解电动机机械特性及各种运动状态的基本理论；熟悉电动机的调速方法和技术经济指标；掌握选择电机的原则与方法；掌握电机与电力拖动的基本实验方法与技能。本课程可为学生今后船上、船厂实践工作打下坚实的理论基础。

6. 航海仪器

现代航海仪器在实现船舶自动驾驶、提高船舶营运效益、保障海上人命安全、保护海洋环境等方面发挥着日益重要的作用。随着计算机网络技术信息处理技术、通信导航技术等新技术的不断涌现和发展，船舶操控正在向自动化、信息化和智能化方向发展。现代航海仪器越来越多地利用了电子技术、计算机技术和自动控制技术。传统上分立设置的航海仪器设备或系统（如陀螺罗经、船舶导航雷达、卫星导航系统测深仪、计程仪、船载自动识别系统等）逐渐走向组合，成为船舶综合驾驶台智能管理控制系统中的必要组成部分，并且不断地更新换代。航海仪器的发展为船舶提供了更加可靠的安全保障，促进了航海事业的发展，与此同时，也要求船舶驾驶人员和相关技术人员应具备与之相适应的技术知识。

航海仪器课程是船舶电子电气工程专业的主要专业课之一，在培养航海高级人才方面起着基础性和主导性的作用，在航海教育中占有重要地位。本课程综合了电航仪器、无线电导航仪器、船舶导航雷达等三门课程的教学内容，讲解陀螺罗经、水声仪器、无线电导航仪器船舶导航雷达的基本理论、结构和电路原理以及它们的使用与维修保养要求等内容。进入 21 世纪以后，随着航海科技的进步，船舶驾驶台又陆续安装了一些新型的电子仪器设备，如船载自动识别系统（AIS）、船载航行数据记录仪（VDR）、船舶远程识别系统（LRIT），这些知识内容也随之纳入本课程的教学要求之中。以上课程内容是 STCW 公约所要求的海船船员必修知识，也是国家海事局海船船员适任证书考试的必考内容。

航海仪器课程的主要内容有陀螺罗经原理与应用水声仪器原理与应用（包括测深仪与计程仪）、电子导航仪器的原理与应用（含卫星导航系统、船载自动识别系统、航行数据记录仪）、船舶导航雷达原理与应用、综合导航系统原理与应用。

航海仪器课程的主要特点如下：

（1）本课程是一门跨专业的课程（航海技术专业、船舶电子电气工程专业），在不同的专业授课时应注意授课内容的取舍，知识的侧重点亦有不同；

（2）本课程是一门应用型和实践性学科；

（3）本课程涉及微积分、几何、力学、电路等方面知识，基础理论内容较多，对学生来说有一定学习难度；

（4）对于船舶电子电气工程专业，本课程是必修课，而对于航海教育类高校的其他专业，如电子信息工程专业、通信工程专业等，可列为选修课程。

7. 船舶综合驾驶台系统

船舶综合驾驶台系统是船舶电子电气工程专业的一门专业选修课，是一个集成船舶信息探测和信息操作并能进行集中控制的综合系统，包括船舶通信系统、船舶导航系统、综合驾驶台系统三大模块，每部分的主要内容如下：

（1）模块一——船舶通信系统：船舶通信概况、INMARSAT 卫星通信系统与设备、MF/HF 组合电台、船用 VHF 通信设备、NAVTEX 与气象传真机设备、紧急无线电示位标 EPIRB、搜救雷达应答器 SART。

（2）模块二——船舶导航系统：船用陀螺罗经、船用回声测深仪、船用计程仪、船舶卫星导航系统、船载自动识别系统 AIS、船载航行数据记录仪 VDR、船舶远程识别与跟踪系统 LRIT、船舶导航雷达系统。

（3）模块三——综合驾驶台系统：综合驾驶台系统与综合导航系统概述、综合导航系统的配置和功能、综合导航系统的航行管理系统、综合导航系统的接口技术。本课程的学习应达到的基本要求：了解和掌握船舶通信、导航系统的基本组成，不同类型的通信设备、导航设备的工作原理、工作过程和操作方法；掌握船舶综合驾驶台系统的配置、功能和维护方法；重点掌握船舶综合驾驶台系统的配置、功能。

船舶综合驾驶台系统的主要特点如下：

（1）船舶综合驾驶台系统是一门应用性和实用性很强的学科；

（2）课程内容涉及航海仪器、GMDSS 综合业务等多门学科，学习难度较大；

（3）必须满足 STCW 公约的相关要求，课程内容不断更新；

（4）强调理论与实践相结合，知识、经验与法规相结合。

第四章 应用型航海专业人才培养模式与改革

第一节 航海应用型人才的岗位适任能力培养

一、以适岗能力培养为目标，构建三维互动的"3+1"本科人才培养模式

在改革我国航海人才培养模式的目标中，以培养适任能力为核心，提出了构建三维互动的"3+1"本科人才培养模式。根据毕业生顶岗实习的要求，该模式将专业理论教学、课程实验和海员基本技能训练作为前三学年的主要内容，而最后一学年则致力于开展综合训练，将海员职业素质教育贯穿于四年的本科教学过程中，实现专业理论、实践应用和素质拓展的相互渗透和联动提升。

二、优化专业课程体系

为适应《海员培训、发证、值班标准国际公约》（《STCW公约》）和航海新技术发展的要求，提出了优化专业课程体系的措施。这包括在理论课程体系中融合应用能力培养和素质提高的要求，以及在实践课程体系中体现基础认识、综合实践和应用提高三个层次。

三、与航海工作环境相适应，打造职业素质拓展体系

为了与航海工作环境相适应，还提出了打造职业素质拓展体系的方案。该方案包括增设海洋人文和职业素质类课程，如"中国海洋文化"和"海岛野外生存拓展"，以及实施多维度素质培养体系，包括课内课外和校内校外相结合，旨在培养学生良好的心理、身体素质、团队协作能力和吃苦耐劳精神，以便让毕业生能够尽快适应船上艰苦的工作环境。

四、建设优质的保障条件

与航海人才培养模式相呼应，还提到了建设优质的保障条件。这涉及质量管理体系、半军事化管理以及满足高技能海员培养需求的多层次实践教学平台的建设，旨在加强保障措施。

五、打造"双师型"教师队伍

明确提出了打造"双师型"教师队伍的目标。通过激励机制、校企联合培养机制、考核考评机制和进修培养机制等方面的改革，致力于研究和构建我国航海双师型师资培养机制，借鉴国外航运发达国家的先进经验，结合我国国情，以满足相关法律法规和企事业单位的需要。

总体而言，我国航海人才培养模式需要进一步健全。重点在于以培养适合岗位需求的航海人才队伍为目标，构建三维互动的"3+1"本科人才培养模式。同时，优化课程体系，健全保障体系，打造双师型教师队伍，以实际行动切实提高我国航海人才培养的质量。

第二节　基于应用型大学航海技术专业人才培养路径

应用型大学的航海技术专业以培养高级别、复合型、应用能力强的人才为核心，紧密围绕国际标准的高级航海人才进行专业发展定位。为此，制订科学的人才培养方案，强调在满足应用型本科学科理论的基础上，注重实践能力、创新能力和航海职业技能的培训。通过建立国际标准、行业规范、校企无缝对接、双证有机融合的"航海人才培养模式"，确保培养出符合行业需求的航海人才。

一、提高大学生综合素质和创新科技能力

应用型大学的航海技术专业致力于提高大学生的综合素质和创新科技能力。其培养目标明确，要求学生在德、智、体等方面全面发展。他们需要掌握船舶航行、货物运输管理、船舶与人员安全管理、船舶通信等方面的知识，并具备熟练的航海技能。此外，还需要具备良好的英语和计算机应用能力及较强的信息获取和处理能力。这些要求符合国家教育方针、国际公约和国家船员适任标准，旨在培养具有国际竞争力的高级航海人才，使他们能够在航运业及相关部门从事船舶驾驶与管理等工作。

为了实现这一目标，应用型大学航海专业采取了多种措施。首先，除了基础专业内容外，学生还加强了英语口语训练、职业道德培养和航海心理等非专业知识的学习。这样可以正确引导学生的职业理念和素养，提高他们的航海技能和心理抗压能力。其次，学校营造了浓厚的校园航海文化氛围，组建了水上训练平台，普及航海综合知识，并进行海防和海法教育，以提高学生的整体文化素养。

另外，学校还加强了学生参与全国性行业大赛和学科竞赛的机会，开发创新

的专业课程，并开展创业、就业和择业宣传教育。此外，组织航海类科技活动，构建创新科技平台，进一步提升学生的综合素质，以满足未来航海行业对各类专业岗位的需求。

二、科学精准制订应用型大学航海专业人才培养方案

针对航海行业迅速发展和航海专业技术人才就业前景广阔的现状，应用型大学应科学精准制订航海专业人才培养方案。

修订人才培养规格：结合本校实际情况，修订并完善可行的人才培养方案。该方案应确保学生具备坚定的社会主义政治方向、良好的职业道德素养和健康的身心素质。学生需要系统掌握现代航海专业知识和技能，以培养海洋运输船舶船长和航海专业技术人员为目标。

符合 STCW 公约要求：在满足一般航海教育要求的前提下，要求学生的专业理论符合 STCW 公约管理级要求，专业技能符合公约操作级要求。学生通过理论学习、航海技能和模拟器训练、航海认识和航海毕业实习，以达到符合国际海事组织（IMO）STCW78/10 国际公约对航运人才的最新要求。

组织国家考试和海上见习：学校可以组织学生参加国家考试，取得海船船员适任资格。毕业后，学生可以经过严格正规的海上见习，获得无限航区 3000 总吨及以上船舶二 / 三副适任证书。这将为学生提供实践机会，增强他们的航海技能和经验。

引导国际视野和实践经验：学校应引导学生以国际视野正确看待海运业的发展和前景。鼓励学生以浸入式的方式学习航海类各种专业知识和实践经验，积极参与航海企业的实践活动，为将来投身于与自己专业相符的航海业打下基础。

支持学生职业选择和发展：学校和用人企业单位应支持各类航海人员在机会

合适时、客观条件变化时选择离开。前提是在岗时要尽责履职，认真工作，完成合同规定的任职年限和各项任务。这样可以促进学生的职业选择和发展，并满足航海人才市场的需求。

综上所述，科学精准制订应用型大学航海专业人才培养方案需要考虑到政治方向、职业道德、知识技能的培养，符合国际公约要求，并注重实践经验和职业发展的支持。这样的方案将有助于培养具备综合素质和创新科技能力的航海人才，满足航海行业的需求。

第三节　面向应用型人才培养的航海类专业课程体系改革

一、开展航海类专业课程体系改革研究与实践的意义

（一）落实国家提出的向应用型专业转变政策的需要

为了推动航海类教育的发展，支持面向应用型专业的转型工作，响应《教育部、国家发展改革委、财政部关于引导部分地方普通本科高校向应用型转变的指导意见》的要求，开展"面向应用型人才培养的航海类专业课程体系改革研究与实践"是落实国家提出的向应用型转变政策的需要，是体现行业产业发展、技术进步和社会建设的要求，反映了社会政治、经济、科技及文化对高层次应用型人才知识、能力与素质结构等方面的要求。

（二）有效履行 STCW 国际公约及国家海事局相关规定的需要

《1978 年海员培训，发证和值班标准国际公约》（马尼拉修正案）于 2012 年 1 月 1 日生效，马尼拉修正案对原有的船员培训、发证和值班标准的规定进行系统的修正。2012 年 3 月 1 日，《中华人民共和国海船船员适任考试和发证规则》

正式实施。我国交通运输部海事局相继出台了《海船船员适任考试大纲》《海船船员适任评估规范》等引领性文件的出台。

二、开展航海类专业课程体系改革研究与实践的任务

（一）修订培养目标，以满足新形势下的航运需要

根据国家关于推动本科高校转型的实施意见的要求，深入分析 STCW 公约及国家海事局有关海船船员培训、考试和发证要求有关具体规定，紧密围绕国家海洋战略部署，以国际航运劳务市场需求为导向，以航海类教育为特色谋发展，本着"紧贴市场、补缺需求、错位发展、优势互补"的原则，修订原有的培养目标，形成新版的轮机工程专业培养目标。

（二）重组课程体系，以适应转型后的培养目标

重组课程体系是为了适应转型后的培养目标，提高学生的综合素质和就业竞争力。以下是在航海类专业中进行课程体系改革的一些建议：

分析素质结构、知识结构和能力结构：对岗位能力培养的课程体系进行分析，明确学生需要具备的素质、知识和能力，并将其纳入课程设置和教学目标中。

根据社会经济发展和高技术船舶装备进步的需求：课程体系的改革应该紧密结合社会经济的发展趋势和船舶装备的技术进步，引入与新技术、新工艺和新装备相关的知识内容，确保学生掌握最新的行业发展动态和应用技能。

整合重组原有课程：对现有的基础课、主干课、核心课、专业技能应用和实验实践课进行整合和重组，确保课程的连贯性和针对性，避免重复和冗余，使学生能够系统地学习所需的知识和技能。

注重技术技能和创新创业能力的培养：课程体系应注重培养学生的实际操作能力和技术技能，提供丰富的实践机会和实验实习课程。同时，要注重培养学生

的创新思维和创业能力，为他们未来在航运行业中的创新和创业提供支持。

引入新技术、新工艺和新装备的知识：课程体系应该及时引入与航运行业相关的新技术、新工艺和新装备的知识，包括数字化航运、智能船舶技术、船舶环境保护等领域的内容，以使学生紧跟行业发展的步伐。

通过重组课程体系，航海类专业能够更好地适应转型后的培养目标，提供符合行业需求的知识和能力培养，增强学生的就业竞争力和适应能力。同时，关注技术创新和创业能力的培养，为学生的个人发展和职业发展打下坚实基础。

（三）充分利用校外实践基地，以保证海上航行实习顺利完成

为了确保海上航行实习的顺利完成，可以采取以下措施：

第一，建立校企合作机制。与企业和事业单位建立长期合作关系，将它们作为学生海上航行实习的基地。通过与企业签订就业协议，提前确定实习岗位和分配要求，实现早期签约和早期定岗，将实习与就业相结合，使学生有机会真实地接触实际工作岗位。

第二，利用校外实践基地。与海洋相关的机构、航运公司、船舶企业等合作，利用它们的实践基地提供海上航行实习的场所和资源。学生可以在这些实践基地中进行海上航行实习，接受真实的职业环境锻炼。

第三，配备模拟器和虚拟实训设备。在学校内部设置航海模拟器和虚拟实训设备，提供模拟海上航行的场景和环境，使学生能够进行虚拟的海上航行实习。这可以在一定程度上弥补学校暂无实习船的问题，让学生在模拟情境中进行实践训练。

第四，强化职业素质培养。在课程体系改革中注重培养学生的职业素质，包括业务英语交流能力、团队合作能力、领导能力等。通过开设相关的课程和实践项目，让学生在培养专业知识和能力的同时，培养良好的职业素养和综合能力。

通过以上措施，可以充分利用校外实践基地，确保学生的海上航行实习顺利完成。同时，通过面向应用型人才培养的航海类专业课程体系改革，使学生具备符合国际公约和国内船员教育培训标准的专业知识、能力和职业素质。课程体系应注重教学内容与STCW公约功能模块的结合，以及业务英语交流能力与远洋船员岗位要求的匹配。双证并重的课程体系，即学历证书和海船船员三管轮适任证书，能够满足企业用人单位的要求。通过早期签约和预分配制度，也能够达到企业用人单位的满意标准。

第四节　航海类专业应用型人才国际化培养模式构建

一、航海类专业应用型人才国际化培养模式改善

针对航海类专业的应用型人才国际化培养模式，可以从以下方向着手改善：

第一，改革人才培养模式。传统的以教为主的人才培养模式需要改进，加强实践机会，构建应用型人才培养模式。在学历教育的基础上增加相关的职业教育，使学生具备理论知识与实践相结合的能力。

第二，优化课程体系。针对不同航海类专业建立具有专业特色的课程体系，重点关注核心课程的设置和比例分配。确保课程内容与行业需求相匹配，提高学生的专业素养和实际能力。

第三，改进教学模式。采用案例讨论法、问题探讨法和项目实践法等多种教学方法，培养学生的实践能力。改革考试制度，增加平时训练的比重，促进学生综合能力的提升。明确学生参与科研活动、学术竞赛和科技创新项目等实践活动

的要求。

第四，加强教学资源建设。注重教材、教具和教学设备的建设，引进数字化和信息化的教学设备，使教学过程更加科学化，适应航海部门的实际需求。建立权威教师的教材研讨会制度，促进优质教材的出版。重视"精品课程"的建设，提升教学资源的质量和效果。

第五，强化科研工作。重视学院的科研工作，教师应积极从事科研，并将科研成果应用于教学中，激发学生的科研兴趣。鼓励学生参与科研活动，提供更多信息，提高课堂教学质量，并促进学院科研工作的开展。

通过以上措施，航海类专业可以改善其教学现状，提高人才培养效率和质量，培养出更符合国际化要求的应用型人才。同时，这些改革也能够促进学校与行业的紧密合作，提升毕业生的就业竞争力，满足行业的需求。

二、航海类专业应用型人才国际化培养的具体措施

强化教学管理。建立严格的管理制度和执行力度，确保教学过程的规范性和科学性。加强教学质量管理制度，并进行定期完善和监控，以保障教学质量。

学生信息员制度。在各个班级中设立信息员，定期统计教学状况，并收集学生对教学的反馈意见。选择代表性学生作为信息员，以获取全面和真实的学生反馈，从而改进教学工作。

加强师生交流。定期组织师生座谈会，促进师生之间的交流与互动。教师了解学生需求，根据实际情况改进教学方法；学生也可以提出意见和建议，促进教学效果的提升。

设立意见投放箱。设立校长或教务处意见投放箱，为学生提供反映问题和意见的渠道。领导关注并解决学生的问题，帮助缓解教师与学生之间的隔阂，有利

于培养应用型人才。

这些措施有助于加强教学管理、改善教学质量，并促进师生之间的良好互动和沟通。通过持续优化航海类专业的教学环境和管理机制，可以有效提升培养应用型人才的效果，使其具备国际化素养和竞争力。同时，这也为我国航海行业提供了更好的人才支持，提升其国际竞争力，推动行业的发展与创新。

第五节　STCW78/10公约背景下对航海技术专业应用型人才培养模式改革

航海技术专业培养的是能够从事船舶驾驶和管理、符合国际海船船员适任标准要求的高级航海技术人才。他们通过学习理论知识和参加实践锻炼，具备了执掌船舶、从事国际贸易的能力，为社会创造价值和财富。作为应用型人才的一个分支，航海人才的培养需要符合现代航海技术的发展趋势。2010年，国际海事组织通过了STCW公约马尼拉修正案，对旧公约进行了调整。为了真正建设一支有文化、高素质、具有国际竞争力的海员队伍，航海类高校的人才培养模式必须与时俱进，紧密结合现代航海技术的要求进行改革。这样才能培养出具备全面能力的航海人才，满足国际标准，并为航海行业的发展和国家的海洋战略做出积极贡献。

一、明确人才培养定位

为了培养出高素质、具有国际竞争力的应用型本科航海技术人才，我们需要明确人才培养的定位。我们的目标是为航运企业培养优秀的人才，因此以就业为导向，以服务航运企业为宗旨。我们坚持在校内进行理论学习，并通过校外实习锻炼来提升学生的实践能力。为了达到这个目标，我们依托模块化改革，优化课程体系，推进教学改革。我们以"双师型"教师为中心，致力于打造一支结构合理、理论知识扎实、航海经验丰富的高素质教师队伍。通过这样的努力，我们能够培养出适应航海行业需求的优秀人才，为行业的发展和国家的海洋事业做出积极贡献。

二、改革传统教学模式

在航海技术专业的教学中，关注学生是至关重要的。我们应该将学生置于教学的中心位置，激发他们的求知欲望，让他们自主获取知识。教师应运用各种有效的教学技巧，而不是代替学生去完成任务。另外，教学方法和手段应具有灵活性和多样性。我们应该倡导探究式和启发式的教学模式，精心设计授课环节，通过课堂合作、小组讨论等多种形式进行教学，以调节课堂氛围。同时，充分利用现代化的多媒体和信息技术，加入图像和视频文件，营造丰富多彩的课堂环境，以提高教学效果。另外，我们还需要建立一支高素质的"双师型"教学团队。这意味着加快引进具有高职称的教师和学科带头人，招聘拥有甲类船员证书的高级船员，并邀请海事机关和航运企业的专家担任兼职教师。通过这些努力，我们将打造出一支高水平的教学团队，为航海技术专业的学生提供优质教育。

三、完善航海实践教学

在市场经济环境下，用人单位对人才的招聘标准已经从学历转变为更看重素质能力。这就要求学校在日常教学中加强实践教学的实施。对于理论和实践相结合的课程，建议教师将课堂搬进实验室，通过实物展示来辅助理论知识的讲解，以活跃课堂氛围，达到最佳的教学效果。对那些具有探究性、善于思考和勤于钻研的学生而言，开放实验室也是一个很好的途径。实验室管理员应定期组织学生进行设备操作，并提供指导和解答问题，以提高学生的实践能力和动手能力。

创办应用技术型大学需要充足的实践教学设备作为必备条件。为了培养高素质的现代航海应用型人才，引进先进设备变得迫在眉睫。不过就算实验设备和模拟器再先进，学校的实验室也无法完全取代真实的航海环境。因此，建立校企合作的实习基地成为最佳选择。这需要学校、教师和在岗学生三方共同努力，积极寻找合作单位，争取定期实习机会，进行相互交流，实现人才共享的目标。

通过加强实践教学和引进先进设备，学校可以更好地培养出适应市场需求、具备实践能力和素质的航海技术人才。这种实践教学的方式能够使学生更好地融入真实航海环境，提高他们的实际操作能力和解决问题的能力。同时，校企合作和实习基地的建立也为学生提供了更广阔的实践平台和就业机会，促进校企合作的深入发展，实现人才培养的良性循环。

四、推进评价体系改革

转变教师评价观是首要任务之一。期末考试不能成为衡量学生能力的唯一标准，应该以综合的、发展的眼光来评价学生。评价方式也不能单一化。对航海专业的学生来说，除了常规的理论考试外，教师可以采用机试、手动操作等多种形式来考核他们。以《水手工艺》为例，教师可以通过打绳结和插钢丝等方式来评估学生的期末成绩，这不仅减轻了教师出卷和改卷的负担，还增添了考试的乐趣，让学生在快乐中学习、在乐趣中考核。

航海技术专业应用型人才的培养是一项复杂的任务，需要学校、教师和企业的共同努力。一些学校在人才培养改革和实践经验方面还有所欠缺，需要不断摸索和改进。在今后的教学实践中，应依托国家政策，面向社会和航运业，制订合理的人才培养方案，优化课程体系，打造精英教师团队，拓展实验实训基地，改革教学模式和评价方式，朝着应用技术型大学的目标努力前行。

通过转变教师的评价观和采用多样化的评价方式，可以更全面地了解学生的能力和潜力，促进学生的发展。而航海技术专业的人才培养需要学校、教师和企业共同努力，通过不断探索和改进，以应用技术型大学为目标，提供更优质的教学和实践经验，培养出适应社会需求的高素质航海技术人才。

第五章　不同视角下应用型航海专业人才培养模式

第一节　面向智能航运的航海专业应用型人才培养

一、智能航运对航海类人才需求分析

智能航运作为现代航运的新业态，其定义尚不明确，但国内倾向于将其理解为将航运要素与现代信息、人工智能等高新技术深度融合，以自主航行为核心要素，并涵盖智能船舶、智能航运监管、智能航保、智能航运服务、智能港口等五大核心领域。

智能航运的发展改变了传统航运对从业人员的要求，提出了更高水平的专业性、能动性、灵活性和协作性等通用技能要求。为了推进智能航运的规划、实施和落地，需要培养更多具备跨学科背景的复合型人才，即那些既具备通用性、专业性又具备融合性技能的人才。随着智能航运的快速推进，传统的航海类人才培养模式将面临越来越突出的问题，"航海＋智能"的应用型航海类人才将面临严峻的供需短缺形势，这也对航海类院校的人才培养方向提出了新的需求，必将彻底改变航海类人才的培养模式。

在智能航运时代，应用型航海类人才在业务能力上需能够从事传统航运业务运作、传统船舶管理和传统船舶系统运营与维护，同时又能够应用大数据分析、

人工智能算法和创新思维从事智能航运背景下的船舶管理和系统优化等技术含量较高的工作。因此，应用型航海类人才的专业知识要求不再局限于航海知识和技能，还需要学习和应用智能控制技术、人工智能算法、云计算理论和大数据技术等最新知识；职业技能需要在原有的航海和轮机实操技能基础上，掌握岸基远程控制、人机交互协作和远程故障诊断等技能；专业能力则需要在个人能力、社会能力和方法能力的基础上提升对智能航运背景下航海类专业能力的掌握，包括将数据转换为信息的能力、协同决策能力以及优化管理控制能力；而对综合素质的要求则更加全面，包括创新思维能力、研究思维能力和大数据思维能力等，这些都是智能航运时代航海类人才必备的素养。

在智能航运时代，培养应用型航海类人才需要教育机构、行业和企业的共同努力，共同推动教学内容和培养模式的创新，以满足行业对多样化、综合素质的人才需求，为智能航运行业的发展提供有力支持。同时，学生也需要积极主动地学习和适应这个快速发展的领域，不断提升自己的知识和技能，以适应未来智能航运时代的职业发展需求。

二、面向智能航运的应用型航海类人才培养体制

智能航运的发展，必将引起航海类人才培养体制的变化。根据上文针对智能航运下应用型航海类人才需求、发展趋势及培养理念的分析，提出面向智能航运的应用型航海类人才培养知识体系、人才培养模式及平台构建在内的人才培养机制。

（一）多学科融合交叉的知识体系

智能航运快速发展的过程中，现有的单一学科专业已经无法满足航海类人才培养在人工智能时代所需的复合应用型创新人才的要求。为了智能航运的人才培

养，我们需要构建一个综合的知识体系，将课程与解决复杂工程问题的方向相结合。这个知识体系应以智能技术为导向，打破学科的界限，重新组织相关学科的知识，并以智能航运的五大核心领域的创新技术为基础。

在人才培养过程中，低年级应加强通识教育、专业基础和人文素养的培养，中年级应注重专业核心课程、学科交叉和实践训练，高年级则应注重前沿基础、产教融合平台实践和科技创新实践。智能航运是一个典型的多学科交叉、多技术关联的综合系统，涉及领域广泛且庞大，构成了航运产业链和技术链。在涉海类院校中，应从宏观层面上统筹优化学科研究方向和专业基础知识体系，将新的知识和理念融入智能航运系统所需的复合应用型航海类创新人才的多学科融合知识体系中。

（二）"五融合"人才培养模式

人工智能时代，科技发展越来越快，创新需求越来越大，传统航海类人才已难以适应智能航运发展对人才的需求。针对智能航运系统核心领域的前瞻性、创新性、复杂性、交叉性的技术特征，本节提出以协同融合、创新竞进为抓手，形成传统航运与智能航运融合、教学与科研融合、学科与学科融合、学校与学校融合、学校与企业融合的"五融合"多维度协同融合人才培养模式。

1.传统航运与智能航运融合

智能航运是传统航运要素与现代信息、通信、传感和人工智能等高新技术深度融合形成的一种新型航运业态。在培养航海类人才方面，传统航运的专业基础和专业技能是不可或缺的，也是智能航运发展所必需的能力。传统航运为智能航运提供了宝贵的经验和基础，并为培养航海类人才提供了重要的学科基础和技术支持。

与此同时，智能航运是在传统航运的基础上逐渐发展起来的。在智能航运发展的过程中，传统航运和智能航运共存的现状要求航海类人才培养中传统航运与智能航运能够保持融合。传统航运知识和技能仍然是航海类人才必备的基础，而对智能航运的理解和应用则需要在传统航运基础上进行拓展和深化。

因此，在航海类人才培养中，既要注重传统航运专业基础和技能的传授，又要引入与智能航运相关的知识和技术，使学生能够在传统航运和智能航运之间灵活转换和应用。这种融合式的人才培养模式能够培养出既具备传统航运素养又具备智能航运应用能力的复合型人才，为智能航运的发展提供持续的人才支持。

2. 教学与科研融合

智能航运的发展是科技进步和创新的不断推动过程，这就要求航海类院校在人才培养中更加注重科教融合的实践。在面向智能航运的应用型航海类人才培养中，科教融合应该以能力培养和素质提升为纵向维度，以智能航运发展的不同阶段为横向维度。

在人才培养过程中，应以项目为驱动，贯穿基础研究、应用试验和技术创新、工程研发等教学科研融合过程。通过这种方式，能够真正实现教学互动和科教融合，同时强化航海类应用型人才的学术视野和创新能力。

科教融合的实践可以通过教学内容和方法的创新来实现。航海类院校可以将智能航运发展的前沿课题和实际问题引入教学中，通过项目式学习、实践训练和创新竞赛等方式，激发学生的学习兴趣和创新潜能。同时，与企业和科研机构合作，建立科研平台和实验基地，让学生参与科研项目，亲身体验科学研究的过程，培养他们的科学思维和实践能力。

通过科教融合的实践，航海类院校能够培养出具备学术素养和应用能力的复合型人才，为智能航运的发展提供有力支持。这样的人才不仅具备扎实的学科知识和技能，还具备创新意识、团队合作能力和解决问题的能力，能够适应智能航运发展的需求，为行业的创新和进步做出积极贡献。

3. 学科与学科融合

在智能航运时代，实现学科融合联动是一项重要任务。从宏观层面上，我们需要将领域内的学科进行融合，通过优势学科和基础学科的带动，推动相关学科的发展。这种融合创新的人才培养模式可以实现"航海＋"和"＋航海"的学科间互动与合作。

这种人才培养模式对航海类院校来说至关重要。通过学科融合联动，航海类院校能够培养出航海领域的应用型人才。这些人才不仅具备航海领域的专业知识和技能，还能够跨学科进行创新探索。他们能够突破智能航运领域的前沿理论和技术瓶颈，解决前沿科学问题。

在人才培养过程中，航海类院校应该建立起学科间的合作机制和交流平台。通过跨学科的教学团队和科研团队，促进不同学科之间的互动和合作。同时，应该加强学科间的知识传递和交流，让学生在学习中接触到多个学科的知识和方法，培养他们的综合素养和创新能力。

此外，航海类院校还应积极推动学科间的合作研究和科研项目。通过开展合作研究，不同学科的专家和研究人员可以共同解决智能航运领域的科学问题，推动领域的发展。

总之，实现学科融合联动是培养航海类应用型人才的重要途径。通过这种模式，航海类院校能够为智能航运领域提供有力支持，推动领域的创新和发展。这样的人才将成为解决前沿科学问题的关键力量，推动智能航运领域的持续进步。

4. 学校与学校融合

高校协同创新是指高校与其他单位共同组建协同创新中心，在政府主导的创新环境中合作攻关，解决特定科技和文化创新问题，并实现科研成果转化和创新人才培养。在智能航运时代，航海类人才需求多样化且层次不同。为了满足这种需求，不同层次的航海类院校可以通过资源共享、学分互认和学历提升等方式进行融合，提供学生接触不同学习氛围的机会，激发创新意识。

同时，高校之间还可以通过合作研究和交流来推动智能航运系统项目的研究。这种校校之间的合作交流有助于实现人才培养的融合。不同高校可以共同探讨智能航运领域的挑战和机遇，共享经验和资源，促进创新能力的提升。

在高校协同创新中，关键是要建立合作平台和机制，为不同高校之间的合作提供支持。政府可以提供政策和资金支持，鼓励高校间的合作，创造良好的合作环境。同时，高校也应加强内部组织和管理，建立科研团队和创新中心，推动协同创新的实施。

通过高校协同创新，航海类人才培养可以得到更好的发展。不同高校之间的融合和合作将促进创新思维和能力的培养，使学生能够更好地适应智能航运领域的需求。这种协同创新的模式不仅可以加强航海类人才培养的质量，还可以推动智能航运领域的进步和发展，为行业创造更多的创新成果。

5. 学校与企业融合

智能航运的快速发展使得传统的人才培养模式面临着供需失衡的问题，即"无效供给"和"大量缺口"。为了适应智能航运时代对人才培养的精准和高效要求，校企合作和产教融合成为重要的解决途径。在人才培养过程中，政府和企业应全面参与深度合作，通过提供精准适配的课程，将企业的岗位需求融入教育培训中，实现高效的人才培养。

校企融合可以提升学生的系统化科学培养，使其具备更好地适应智能航运的能力。通过与企业紧密合作，学生可以更深入地了解智能航运领域的需求和挑战，学习相关技能和知识，并将其应用于实际工作中。这种融合模式能够提供实践导向的学习环境，使学生在培养过程中更好地理解行业需求和技术应用，培养出具有实际操作能力和创新思维的人才。

同时，校企融合也有助于增强学生对行业的认同感和使命感。与企业的深度合作使学生更加贴近行业实际，了解行业的现状和发展趋势。这种亲身经历可以激发学生对航海领域的兴趣和热情，使他们更加自觉地投身于智能航运的发展，为行业的繁荣做出贡献。

总之，智能航运发展的背景下，校企合作和产教融合是满足精准高效人才培养需求的重要途径。通过政府、企业和高校的紧密合作，将实际需求融入教育培训中，可以培养出适应智能航运的优秀人才，推动行业的发展和创新。这种校企融合模式不仅能提高人才培养质量，还能为学生提供更广阔的发展机会，使他们具备更好的就业竞争力和职业发展前景。

（三）搭建人才培养平台

平台是人才培养的重要基地，根据智能航运系统发展的特征及人才培养的发展趋势和要求，构建以综合能力培养为核心，面向智能航运的人才培养平台。

1.专业基础实习实训平台

实习实训作为提升学生实践能力的重要环节，在航海类人才培养中具有关键作用。以学生为中心，结合人工智能技术的发展，可以推动航海类人才培养的创新。在这一过程中，产教融合模式与企业共建实验室以及实习实训基地的平台是至关重要的。

借助人工智能技术的发展，实习实训可以更加贴合航海类应用型人才的培养需求。通过引入智能化技术和工具，可以提供更真实、更具挑战性的实践环境，帮助学生在实际操作中掌握相关技能和知识。例如，虚拟仿真技术可以模拟真实的航海场景，让学生进行虚拟航行和操作训练；智能辅助系统可以提供实时的数据分析和反馈，帮助学生及时纠正错误和提升效率。

此外，产教融合模式与企业共建实验室以及实习实训基地的平台也是实习实训的重要支持系统。通过与企业的紧密合作，可以搭建起与实际工作环境相近的实训场所，让学生接触真实的工作流程和问题。企业可以提供实践项目、导师指导和实际工作机会，使学生在实践中得到充分锻炼和成长。同时，与企业的合作还可以加强学校与行业之间的联系，使人才培养更加符合实际需求，提高就业竞争力。

2. 项目驱动科研成长平台

为了提高学生的学习能力和创新能力，在航海类人才培养中，可以以科研项目为驱动，成立跨年级、跨专业、跨学历层次、跨学校的科研成长平台。这样的平台可以让学生在学长、导师等引导下直接参与课题研究和试验应用，从而在科研氛围中不断提高自身能力。

通过成立科研成长平台，学生可以积极参与课题研究，与导师和学长一起探索前沿领域的问题。平台的跨年级、跨专业和跨学校的特点可以促进学生之间的合作和交流，打破传统学科之间的界限，促进知识的交叉融合。不同年级的学生可以相互借鉴和协作，提高彼此的学习效果。同时，跨学校的合作可以引入更多的资源和视角，拓宽学生的研究视野。

在科研成长平台中，学生可以通过参与课题研究和试验应用，锻炼自己的实际操作能力。他们可以亲自动手进行实验和应用，与理论知识相结合，将所学的知识应用于实际问题的解决。在这个过程中，学生需要不断思考和创新，提出新的观点和解决方案，培养自己的创新能力。

同时，科研成长平台也为学生提供了与导师和学长交流和指导的机会。他们可以从导师和学长的经验和指导中获取宝贵的经验和知识，提高自己的学习方法和研究能力。导师和学长的引导可以帮助他们更好地理解和应用所学知识，培养批判性思维和问题解决能力。

3.开放互动产教融合教学平台

利用产教融合，可以将学校的书本理论与企业的实际解决方案相结合，创新性地解决细分智能航运难题。这种方式将学校与企业的优势互补起来，使学生能够在实践中学习，并将企业的行业实践经验纳入学校的课程体系。通过校企共建创新研究共同体，可以增强学生的实践能力和创新能力。

在校企合作中，开展校企互动课堂是一种重要的形式。学校和企业可以互相合作，共同探讨智能航运领域的问题，将课堂教学与实际应用相结合。为了实现这一目标，可以建立开放互动的产教融合教学平台，其中包括"校企合作实验室"。这样的平台可以提供一个实践和合作的环境，让学生能够在真实场景下应用所学知识，并与企业专业人士进行互动交流。

通过校企合作实验室和产教融合教学平台的建设，可以为智能航运人才的培养提供更好的服务和支持。学生能够接触到实际问题和挑战，锻炼自己的实践能力和创新能力。与此同时，他们还能与企业专业人士进行密切合作，从他们的经验和见解中获益，提高自己的专业水平。

第二节　产教融合视角下的航海专业应用型人才培养

产教融合在教育行业是一个新生事物，目前已经被其他层次的教育纳入人才培养模式中。学生与产业这两个主体的深度合作有利于提高教育行业与企业的发展水平，从而实现学校办学与企业效益的双丰收。产教融合与校企合作相比，学校与企业的合作深度不同、紧密程度不同，产教结合的形式也不同。产教融合的最大优势在于学校与企业达成的纵深、高效、稳定、紧密的关系，通过产教融合的培养方式，学校办学实力和企业发展实现了双赢。产教融合培养模式有两个不同的发展方向：一是培养实践水平高、创新能力强的实用人才；二是培养以研发和学术研究为主的科研人才。无论是哪种培养方向，产教融合的最终结果都是一样的。学生适应社会的能力、个人综合素养得到了显著提高，能更加顺畅地完成从校园到企业、从学生到社会人的转变；企业获得了高素质的人才队伍，使劳动力这一生产力发展中最活跃要素的素质得到了大幅提升，这势必会促进区域经济水平的提高，进而推动整个社会的发展。这一连锁的发展链条让越来越多的学校和企业看到了新契机，并主动参与其中，产教融合因此进入了发展的快车道。

产教融合的发展历程有其曲折性，为了寻求最佳的合作方式，学校和企业这两个融合的主体都经历了相当长时间的探索，最终学校和企业在秉持实现双赢、责任共担、利益共享的发展观念前提下，在相辅相成、相互约束的关系中达成了合作。在产教融合的实践中，业界比较认同的方式是：吸引在管理和技术上占优势的企业，鼓励其加入校企合作的联盟中。企业以管理和技术为要素加入生产，职业院校以学生和生产设备为要素加入生产。学校和企业联合制订教学生产计划、进行产品的生产，在产品的生产全过程中贯穿教学内容。由此，教师和学生学到了企业管理和产品生产的技术，学生熟悉了具体的产品的生产流程，企业也在低成本的投入下使经济效益得以提高，学校和企业发展实现了双丰收。

社会不断发展，对人才的需求类型也在不断变化，实践型人力资源是近现代社会发展的产物。实践型人才指的是能从事一线技术操作的专业人才，他们能将专业知识和专业技能很好地结合起来，并高效地运用于生产实践中，他们有专业知识、有动手能力，是当今社会发展急需的人力资源。当然，随着社会的进步，教育历史的不断发展，实践型人力资源的定义也会发生变化，但是其关键要素是永恒不变的，那就是一线操作技能及将专业理论知识与实践结合的能力。有关实践型人才的培养，始终要坚持以实践能力培养为主，着重提高每个学生对理论知识的思考、掌握和运用，培养适合未来经济发展、社会发展的实践型人才。

当然，实践型人才的培养只是产教融合中的一个着力点，教师队伍、合作企业等因素同样需要重视。在社会经济发展的大背景下，产教融合的水平在不断更新升级，对合作企业的质量和数量要求也有所提升，实践型人才的培养方案也需要不断调整。

一、产教融合视角下的航海专业应用型人才培养的必要性

航海专业院校在应用型人才培养方面通常采用校企合作的模式，通过将工学结合起来，实现院校和企业的优势互补。然而，现有的人才培养模式未能与行业需求充分结合，导致航海专业学生难以适应行业的发展要求。这一问题的根本原因在于，虽然院校与企业加强了合作，但企业在人才培养过程中的参与度不够，未能发挥其应有的作用。因此，从产教融合的角度推进应用型人才的培养显得十分必要。

通过产教融合，可以在教学过程中引入行业对人才的需求，有针对性地进行人才培养。这样的做法能够使院校更好地适应行业的转型升级，解决学生就业竞争力不强等问题。同时，学生也能够通过实践教学提前感受航运工作，了解工作环境和船员的要求，从而增强自身的就业能力。

总而言之，在航海专业应用型人才培养中，深化产教融合具有重要意义。它能够有效培养人才的专业素质和应用性技能，构建科学合理的人才培养模式，缓解就业困境。通过充分结合产业与教育资源，促进校企合作的深度融合，可以为学生提供更贴近实际需求的培养机会，使他们具备更好的竞争力和适应能力，为

航海行业的发展注入更多有活力和创新精神的人才。

二、产教融合视角下的航海专业应用型人才培养

（一）明确人才培养目标

航海专业与其他专业的特殊性要求航海专业院校在培养应用型人才时必须从产教融合的角度出发，并明确人才培养的目标。对航海专业学生而言，要成为优秀的航海人才，就业过程中需要通过全国性的海船船员适任评估与考核，并获得相关证书方能胜任就业岗位的要求。因此，许多院校在培养航海专业人才时将船员适任考试通过率作为目标，这往往导致人才虽然具备丰富的理论知识，但实践操作能力较弱。

为解决这一问题，航海专业院校在应用型人才培养方面必须明确人才培养的目标，并在课程教学中不以船员适任考试通过率作为衡量专业教育成功与否的标准。相反，应该关注学生在专业技术应用方面的能力，使培养出的人才能够与航海专业的人才需求相适应，并具备强大的实践运用能力。

通过明确人才培养目标并调整课程设置，航海专业院校可以注重培养学生的实践操作能力，提高他们的专业技术应用水平。这可以通过增加实践教学环节、开展实地实习和实训、加强模拟操作训练等方式来实现。同时，与航海企业建立紧密的合作关系，开展产学研合作项目，将实际航海工作经验纳入教学内容，使学生能够更好地理解和适应实际工作环境。

（二）注重人才的分类培养

为了实施基于产教融合的应用型人才培养，航海专业院校需要从具体的培养模式出发，根据航运行业不同岗位的需求来进行人才分类培养，如理论研究型、技术应用型、管理应用型等。同时，院校可以根据不同的教学方法和教学大纲来

区分人才培养的类型，或者以不同的人才分类为基础，加强模拟实训教学，使学生掌握相应的职业技能和知识。

此外，航海专业院校应加强与企业的合作，采用实船教学的模式，以实践操作教学为主导，并积极开展体验式教学或情景式教学。通过与企业合作，根据不同需求有针对性地培养学生，让他们学习并掌握相关的知识和技能。这样做可以满足航运行业对人才的多样化需求，提高人才的就业适应能力。

综上所述，航海专业院校要落实基于产教融合的应用型人才培养，需要从具体的培养模式出发，根据航运行业不同岗位需求进行人才分类培养，并结合不同的教学方法和教学大纲来区分培养类型。此外，加强与企业的合作、实施实船教学和开展体验式教学等方法，能够提高学生的就业适配度，以满足航运行业对多样化人才的需求。

（三）强化实践与理论课程的融合

航海专业院校在推进基于产教融合的应用型人才培养模式时，关键在于培养学生的职业应用能力，使他们能够将理论知识融入实践中。为此，院校应将航海行业面临的实际问题引入教学活动，针对这些问题改进理论课程，并在理论课程中适当融入实践知识。同时，还应增加相应的实践课程，让学生有机会实地上船体验，深入了解船员的具体工作内容。

院校与企业合作时，可以安排资深船员向学生讲解船上的各种工作和工种，这可以在实践课程教学环节中实施。通过这样的合作，学生能够对航运工作有更加细致的了解，同时加强他们对船员工作的认知。

第三节 航海技术专业"3+2"分段贯通 "职业应用型"人才培养

一、航海技术专业"3+2"分段贯通培养与传统培养模式比较

航海技术专业"3+2"分段贯通培养是新型的人才培养模式，通过其与传统人才培养模式（高职人才培养、本科人才培养）的比较，可以更好地明确"3+2"人才培养模式的独特性，并从传统模式中获得经验与启示。

（一）人才培养目标定位比较

原高职人才培养目标定位于本专业培养符合《1978 年 STCW 公约马尼拉修正案》和我国海船船员无限航区船舶驾驶员适任标准要求，适应远洋船舶驾驶第一线需要，具有"敬业精神好、英语水平高、实践技能强"的特点，德、智、体、美全面发展的无限航区 3000 总吨及以上船舶三副；原本科人才培养目标定位于培养符合《STCW 公约马尼拉修正案》及《中华人民共和国海船船员适任考试、评估和发证规则》要求，具有独立指挥和组织船舶航行的初步能力的高级工程技术人才。

"3+2"分段贯通培养将人才培养目标定位统筹考虑"3+2"两阶段人才培养的衔接和过渡，高职 3 年阶段关注的重点培养目标是在于学生的航海专业知识及实践技能，突出岗位专业技能和综合素质的培养，特别是操作能力、执行能力的培养；而本科 2 年阶段则以管理级人才培养为导向，立足于更高层次的需求，突出管理、控制决策等能力的培养，更注重学生专业综合素质、管理能力的提升，获得高职阶段无法达到的更为深厚的理论知识和解决问题的能力。"3+2"分段贯通人才培养最终达成目标为在既能胜任无限航区 3000 总吨及以上船舶驾驶和

管理，又具备到航运相关企业事业单位从事运营管理的高素质应用型职业人才，为学生长远的职业发展进行了较好的规划，增强了航海技术专业的吸引力。

（二）人才培养方式比较

原高职人才培养方式主要以职业岗位的要求，进行课程设置学习，多采用先会后懂，先实践后理论，实践理论相贯通的方式；学生可以考取相关的职业技能证书；原本科人才培养方式主要是专业理论学习为主，辅以实践操作，实验设置以理论验证性为主，鼓励学生参加各种机电产品设计大赛、机器人大赛等工程技术项目。

"3+2"分段贯通培养将高职教育与本科教育高度融合，取其精华，以职业岗位的升迁为依托，兼顾初始岗位，使学生具备职业发展的基本知识与实践能力要求，积极引导学生参加各种与专业相关的技能与设计竞赛。

（三）教学形式比较

原高职教学形式主要采取理论与实践一体化教学，注重边学边做，在做中学、学中做，先做后懂；原本科主要采取"理论＋实验"的形式，先学习理论，然后通过实验来验证，注重验证的结果。"3+2"分段贯通培养将理论与实践在教学过程中高度一体化，增加综合性和设计性实验数量，加强工程实训训练，注重学生创新设计能力、综合应用能力的培养，符合企业岗位能力需求。

（四）就业主要岗位比较

原高职毕业生的就业岗位是从事船舶水手以及船舶驾驶，原本科毕业生的就业岗位主要是海洋运输各企事业单位、政府主管机关、研究单位和教育培训机构从事海洋船舶驾驶、航运管理、科研或教学等工作。"3+2"分段贯通培养模式下毕业生的就业初始岗位是从事船舶驾驶和管理，在取得一定的航海实践经验后可以从事航运相关企业事业单位运营管理，就业岗位更偏重于高层次技术型、技术与管理复合型的岗位。

（五）课程体系比较

原高职课程体系强调基础理论必需、够用为度，突出实践技能的培养；原本科课程体系注重专业理论知识的系统性和完整性。"3+2"分段贯通培养课程体系更加强调工程实践训练，让学生在完成具体项目的过程中构建相关理论知识，发展职业能力；在工程应用中将相关联的多门课程设计调整为综合性的项目设计，以此提高学生综合应用能力；为拓宽专业口径，设置专业方向模块，增加方向课程数量，以满足不同学生的需求。

二、新形势下航海技术专业"3+2"分段贯通培养的要求

在"一带一路"倡议实施、职业教育发展、应用型人才转型培养的新形势下，对航海技术专业"3+2"分段贯通人才的培养提出了更高的要求。

（一）"一带一路"倡议发展的要求

"一带一路"倡议是涉及多行业、多国家的国际性发展途径，海上倡议的实施必将推动航运业的转型升级，带动航运相关的新兴行业的发展，促进航运与其他物流行业的融合网。因此，"一带一路"倡议实施过程中需要一大批以现代航海理论和实操技能为主线、能系统掌握并熟练运用海事法律、航运市场研究、船舶营运管理、航运金融等综合知识的，面向国际视野的高端复合型航海技术人才参与其中。

因此，为适应"一带一路"倡议的发展，要求航海技术专业"3+2"分段贯通的人才培养，需要以国际性的通用标准严格要求高职阶段和本科阶段的人才培养，在整个人才培养过程中树立国际的、跨文化的、全球的航海教育观念；加强

航海技术人才的职业能力素质培养，依据"3+2"分段贯通及航海教育本身的特殊性构建国际化的人才培养模式，强调理论、实践、学历并重，在"3+2"分段贯通人才培养方案的设计中增加能够适应"一带一路"发展需求的内容。

（二）职业教育发展的要求

航海教育兼具学位教育与职业教育的双重性质，"3+2"分段贯通人才培养模式很好地兼顾了航海教育的这种双重性质。李勇曾将航海教育与高等教育、高职教育的特征进行了对比，得出航海教育更具有职业教育的特征。航海技术专业的"3+2"分段贯通人才培养过程中要建立完善"3+2"两个阶段校企合作的育人机制，做好分段贯通阶段校企合作人才培养的过渡衔接；同时，应按照职业教育发展的要求，重点培养高素质海员的职业精神、职业素质和职业技能。

（三）应用型人才培养要求

应用型人才培养是目前应用型本科院校改革的重点。航海技术专业应用型人才是指具有国际视野、能适应现代航运发展的高素质人才，这也应是航海技术专业"3+2"分段贯通人才培养的目标。目前，本科层次的航海技术人才大多注重学科体系的学习和岗位技能培训，理论基础扎实，但应用能力和创新能力不足。航海技术专业"3+2"分段贯通人才培养过程中要坚持知识、能力、素质协调发展的原则，正确处理好专业培养目标、满足国际公约标准、满足我国对海船船员适任标准与拓宽要求、构建能适应国际化市场及新形势发展需要的专业知识、能力结构和基本素质之间的关系。

同时，应用型人才背景下，航海技术专业"3+2"分段贯通人才的培养需适应当前与未来船舶交通运输产业发展与技术变革的创新能力，因此人才的培养目标要突出表现在实践动手能力强、基础知识实、学习能力强、适应能力快、创新意识高、综合素质好的高层次的实用性、技能性、职业性的专才基础之上的通才。

三、新形势下航海技术专业"3+2"分段贯通人才培养建议

与普通专业人才培养相比，航海教育兼具学历教育与职业教育的双重性质，加上航海教育的国际规范性和通用性要求，以及船员职务晋升时的知识更新培训规定，使得航海教育具有强烈的特殊性。根据航海教育本身的特殊性，结合以上对航海技术专业"3+2"分段贯通培养模式与高职培养模式、本科培养模式等传统人才培养模式比较和新形势下航海技术专业"3+2"分段贯通培养的要求分析，在此给出了新形势下航海技术专业"3+2"分段贯通人才培养建议。

（一）航海技术专业"3+2"分段贯通人才培养目标建议

培养目标是航海技术专业"3+2"分段贯通人才培养的关键。为促进航海技术专业人才综合素质和创新能力的培养，根据当前新形势下人才培养的需求和要求，航海技术专业"3+2"分段贯通人才培养目标应围绕"职业应用型航海人才"进行，同时应着重考虑以下因素：

1. 航海教育的国际化需求

当前，高等教育和职业教育的国际化在世界范围内成为一种必然的趋势。航海教育本身所具有的鲜明职业针对性和行业特色，决定了航海教育的发展必受航运产业的影响，而航运产业的全球化，决定了为其提供人才保障的航海教育必须国际化。

2. 航海人才综合素质的培养

无论是高职航海教育还是本科航海教育，从目前来看，大都只重视航海技能的人才培养模式，已不适应新形势下航海人才培养的需求。因此，集知识、能力、素质于一体的航海人才培养是航海技术专业"3+2"分段贯通人才培养的必经之路。

3. 航海教育的终身教育要求

航海技术涉及工程、贸易、信息、经济、环境、法律等多个领域，随着科技的不断发展，航海技术专业人才培养标准呈现动态变化特点，基于该职业特征，航海技术人才的培养要符合"学习——实践——再学习——再实践"的终身教育要求。

（二）航海技术专业"3+2"分段贯通培养课程体系建议

课程体系是"3+2"分段贯通培养计划的重要部分，是确保航海技术专业"3+2"分段贯通培养达到最优成效的核心。航海技术专业"3+2"分段贯通培养课程体系应以层次性、递进性、连贯性为基准，以岗位能力培养为内容，以明确"3"和"2"的清晰界限、合理衔接教学内容为原则；同时，课程体系的构建应比原有体系更加注重职业性、应用型、适用性，以"够用"和"实用"为度。

为更好地保证航海技术专业"3+2"分段贯通培养课程体系的衔接融合，实现新形势下航海技术专业，人才的培养目标，构建了新的课程体系。该课程体系以科学合理的课程理论为指导，充分考虑了航海技术专业"3+2"分段培养衔接、目标的要求，具体要素如下：

1. 课程内容是课程体系的核心

该课程内容可概括为"两个阶段、三种类型、四个层次"。

"两个阶段"是指 3 年高职教育和 2 年本科教育，根据我国《海船船员培训大纲（2016 版）》及"3+2"分段贯通培养要求，本科阶段课程比例占 40%，高职阶段课程比例占 60%。

"三种类型"是指按照课程性质和新形势下人才培养的要求，将课程分为必修课、选修课和衔接课程三类。必修课是为了满足专业技能的基本要求、适应学生共同需要、培养学生基本能力开设，建议必修课学分比例占总学分比例的

75%；选修课是为满足专业方向的需求、适应学生不同需要和情况、培养学生综合能力开设，与必修课是互补、相辅相成的，建议选修课学分比例占总学分比例的20%；高职阶段的衔接课程是对继续完成本科学习的高职学生满足"3+2"分段贯通过渡培养开设，建议衔接课程学分比例占总学分比例的5%。

"四个层次"是指按照海船船员岗位的工作任务和船员职业能力分析结果，将高职课程分为基本素质课程层次、基本技能课程层次、综合技能课程层次和技能实训层次；本科课程分为通识课程层次、专业基础课程层次、专业课程层次和集中实践层次（含实践报告、毕业论文）。四个层次之间相对独立又衔接联系，达到知识、技能和素质的职业应用航海人才培养。

2. 课程依据是课程体系的基础

课程内容的设计首先依据国际公约法规的要求及标准，进而在航海人才市场及教育现状调研的基础上，针对行业准入特点，并以新形势下市场的需要为导向，及时完善、修订课程内容。

3. 课程目标是课程体系的准则

根据航海技术专业"3+2"分段贯通人才培养目标，高职阶段课程内容设计围绕职业技能目标进行构建，本科阶段课程内容设计围绕创新应用目标进行构建，通过该课程体系的构建最终到达职业应用型人才培养的目标。

（三）航海技术专业"3+2"分段贯通培养质量保障体系

质量保障体系是"3+2"分段贯通人才培养质量的保障。目前航海类院校按照国际海事局要求建立了《船员教育和培训质量体系》，确保了航海类院校能培养出市场需求的国际化、标准化航海专业人才，为提高人才培养质量提供了保障。"3+2"分段贯通培养质量保障体系仍然按照高职院校、本科院校的《船员教育和培训质量体系》运行，但必须增加、修订、完善涉及"3+2"分段贯通培养的质量体系内容并及时审核，做好高职阶段、本科阶段质量体系的对接。

第四节　"大工程观"理念下的航海技术应用型人才培养

一、"大工程观"航海技术应用型人才培养体系的构建

"大工程观"是由美国工程教育者莫西斯提出的基于"工程系统学"的教育理念，通过多学科间的交叉、融合与渗透，配置各方资源、优化课程设置、完善实践体系，提高学生的综合素质、实践能力和创新能力，做到工程教育面向民众，为社会服务。它很好地适应了航海技术人才培养的宗旨和目标。

大工程观指导下的工程教育直接面向社会应用和企业需求，具有综合性、实践性和创新性三大特点。据此，大工程观的航海技术应用型人才应具备综合管理、实践应用和创新发展三方面。其中，综合管理能力要求学生具备良好的思想道德修养、有效交流与沟通能力、团队合作能力、英语运用能力、跨文化合作与竞争能力、信息获取、知识更新和终身学习的能力；实践应用能力要求学生具备海员专项技能、海上船舶值班与避碰、船舶操纵的能力、货物积载与系固的能力、海上安全通信（GMDSS）的能力、远洋航行的综合能力；创新发展能力要求学生在探索海洋、驾驭海洋和保护海洋方面不断拓宽知识视野、发散创新思维、增强创新意识，具备突破系统条框，大胆设想，合理推断的能力。

二、"大工程观"航海技术应用型人才培养体系的实践

在构建大工程观航海技术应用型人才培养体系的基础上，学校通过模块化课程教学体系、质量监控与管理体系和创新能力培养三大体系的探索与实践，致

力于培养具有良好的工程技术、文化素养、环保意识和社会责任感的高素质航运人才。

（一）构建模块化课程教学体系

课程设置是"大工程观"教育理念的核心。学校要依托优势重点学科，积极推进模块化课程体系改革，打破原有的人才培养方案和学科间的限制，在广泛调研相关航运企事业单位意见的基础上，以企业需求为导向，采取航运企事业专家组审核制，制定以岗位能力为基础的课程模块，并根据岗位要求的能力确定每个模块所涵盖的具体课程，实现教学内容和岗位能力的统合。

在具体的课程安排上，模块化课程体系包括理论课程模块和实践课程模块，前者由基础知识和专业知识两个模块组成，主要培养学生的综合管理能力；后者由基础实践和专业实践两模块组成，主要培养学生的实践应用能力。

1. 理论课程模块设置

基础知识模块：让学生树立正确的人生观、价值观和世界观，了解辩证思维和方法论，夯实语言基础，掌握数学、计算机等自然科学知识，会利用互联网自主学习，具有良好的思想政治素质、团队合作能力和交流与沟通能力。

专业知识模块：让学生了解本专业性质，掌握航海技术核心课程内容，熟悉航运经济与国际海事法规，具备良好的法治观念、职业观念和道德伦理观念，明确专业发展方向，能够进行职业生涯规划，为下面模块做好铺垫。

2. 实践课程模块设置

基础实践模块，让学生掌握水手工艺基本技能操作和海员专项技能，参加海事局组织的 Z01 等 6 项专业证书培训考试；应用实践模块，让学生具备驾驶现代化大型船舶的能力、货物积载与系固的能力、远洋航行的综合能力以及组织经营管理船舶的能力。在实践环节安排上，学校遵循认知实习、实践教学、航行实习的"三层次"教学模式。认知实习安排在第三学期，让学生在接触专业知识之前对船舶结构及其营运方式能有初步的了解，激发学习兴趣和积极性。实践教学贯穿整个实践能力培养的过程，让学生掌握实践课程模块规定的所有内容，培养他们的工程意识、安全生产意识，提高操作技能。航行实习分配在第八学期，通过校企结合的方式，派遣毕业生去航运企业随船实习，让学生深入了解船舶航行系统，将实践技能学以致用，具备分析和解决船舶航行问题的能力。"三层次"的实践教学模式使学生的实践能力环环相扣、逐步提高。

基础知识模块涵盖自然科学和社会科学知识，为另外三个模块提供人文关怀和智力支持；专业知识模块为实践模块提供理论保障和知识储备；实践模块则为专业知识模块提供实践的平台。四个模块相互独立、彼此关联、逐步推进，课程内容设置让学生在感性与理性、理论与实践层面上对航海专业有了更深的认识，各项能力均得到了极大提高。

（二）完善质量监控与管理体系

为了确保模块化课程教学体系得到有效实施，学校专门成立船员教育质量管理办公室，拟订教学质量监测与管理规章制度，开展教学质量监控活动，通过实行三层次监控、三形式评价和三方面激励机制，将体系文件、课堂授课、实验实训、考试考核、毕业设计、学生管理、教改科研等内容纳入监控范围，并做好教学信息的收集与反馈。

"三层次监控"指的是由学校、二级学院和教研室三方对教师的整个教学进程实施监控。"三形式评价"指的是通过学生评教、同行评教和自我评价三种形式，对教学质量和教学效果做出合理评判。"三方面激励"指的是通过推选教学能手、教学先进个人、教学模范标兵等方式表彰优秀，通过绩效调控手段对教学考核成绩落后的部门和个人做出惩罚，通过教学事故通报对不遵守教学规范的教师进行批评教育，以提高教师的工作积极性。

在此基础上，学校把获取到的有关师德教风、知识创新、课堂组织、教学规范、教学效果和教学管理等信息反馈到二级学院，二级学院以教研室为单位，组织教师根据反馈信息进行全面整顿。对好的教学管理形式发扬光大，对存在问题的环节进行分析和总结，找出原因并采取改正措施。针对青年教师缺乏教学艺术和实操经验，鼓励他们参加岗前培训、校本培训、学历提高进修等，并定期派送到航运单位挂职锻炼、顶岗工作，积累实践经验，提高教学能力。发挥中年教师的传、帮、带作用，依托"双师型教师发展中心"平台，把"过来人"的经验传授给青年教师，在师德修养、知识更新、教学方法等方面对其进行指导，并根据职业生涯规划、个人研究方向和所担任的课程，进行教学研讨，促进老中青结合，提高教学水平质量监控与管理进程。

（三）加强创新能力培养体系

根据"大工程观"航海技术应用型人才创新能力培养的要求，学校以教师发展平台和重点实验室为依托，提升创新师资，改革教学模式。以兴趣为导向、项目为驱动搭建多元化创新平台，提供资助载体。以航海文化建设为中心，营造创新氛围，激发学生创新思维，发扬学生探索精神。

1.提升创新师资，改革教学模式

学校定期派遣教师上船挂职锻炼，学习船舶新设备、新技术和先进的管理文化，以提升教师科研能力和指导学生创新实践的能力。以小班化授课为基础，推崇启发式、探究式教学，把船舶工业最新的研究动态和实践成果融入课堂教学，激发学生的创新灵感，鼓励学生发现新问题并提出解决思路和方案。运用虚拟仿真技术，采用虚实结合的教学方式，在船舶操纵模拟、智能导航模拟、船舶安全航行模拟等方面加强学生的创新实践训练。运用大数据技术，推广微课、慕课等网络教学新形式，利用网络互助平台帮助学生对船舶新知识进行消化和吸收，鼓励进行自主性、专业性、创新性的实验。改革考核评价方式，将学生参与课题研究的思考能力、观察能力、动手能力和情感投入纳入考核内容，建立创新档案和成绩单，记录并量化评价学生开展创新活动情况。

2.搭建创新平台，助力创新实践

围绕"大工程观"航海技术应用型人才培养体系，以兴趣为导向、项目为驱动，搭建多层次创新平台，构建集"项目申报、教师指导、培训研讨、创新实践、监控管理、评价奖励"于一体的创新能力培养体系。学校组织校内和企业专家组成专家小组，为大学生创新活动把握方向、制定规划、协调项目的申报与审核。在此基础上，以二级学院班集体为单位，根据双向自愿选择的原则，由学生自由组建团队，选定指导教师，在创新项目选题、立题，方案构思、技术指导、项目制作方面对学生进行指导。学院定期邀请相关行业专家、企业人士来校做创新讲座论坛，分享最新行业动态，通过现场答疑，学生将创新想法与专家、教师和同学进行交流。学校根据学生创新需求，建立大学生创新创业科技园、校外创新实践基地，鼓励学生自主创办大学生创新协会、创业俱乐部等社团组织，并给予场地、工具和设备的支持，把工程训练中心和航海虚拟仿真实验中心作为学生课外实践基地。在此平台上，学生将创新项目通过实践变成现实。为了能保证创新活动顺利进行，由教务处、学工处、二级学院组成的三级监控部门对项目的申报、实施、结题进行全程监控与管理。通过对项目的结题验收，由专家小组、指导教师和学生社团对创新活动做出考核与评价。在奖励机制方面，除了对创新项目给予经费支持外，对优秀项目团队进行表彰，并纳入学生量化考核中，在成绩评定和学分核算方面有所倾斜。在课时分配、绩效考核和科研量计算等方面对项目指导教师给予物质上和精神上的奖励，以提高指导教师参与创新实践的积极性。

3.营造创新氛围，加强人文保障

把航海文化逐步融入学生的日常生活中。实行半军事化管理，培养学生吃苦耐劳、严谨求实、积极进取的学习态度和创业作风，增强团队合作性。成立航海专业图书馆，购置航海工具书、船舶模型、船舶用品等扩展学生的创新视野。每年开展航海文化节，通过知识问答、船模展示、撇缆、插钢丝、编绳结等海员技能大赛，创新和丰富航海文化活动的载体，不断弘扬航海精神。定期举办航海专题讲座，邀请航运界人士给学生介绍现今船舶工作情况、船舶新技术的应用、对毕业生的新要求等，解答学生对创新创业前景的疑惑，让学生加深对航海职业的理性认识，对毕业后可能从事的工作领域及研究方向有初步了解，能够对自己的未来职业生涯有所规划。

参考文献

［1］陈再发，汪益兵，郝永志．面向智能航运的航海专业应用型人才培养探究［J］.浙江国际海运职业技术学院学报，2020（2）.

［2］胡耀丹．产教融合视角下的航海专业应用型人才培养的教学探究［J］.青年与社会，2019（21）.

［3］唐兆民，王丹，王玉玲，井燕．基于应用型大学航海技术专业人才培养路径探索［J］.教育现代化，2019（18）.

［4］马建文，郭绍义，王波．新形势下航海技术专业"3+2"分段贯通"职业应用型"人才培养研究［J］.广东交通职业技术学院学报，2018（4）.

［5］唐强荣．航海技术专业应用型本科人才培养的理论探讨［J］.广州航海学院学报，2016（2）.

［6］隋江华，孙鹏．面向应用型人才培养的航海类专业课程体系改革研究与实践［J］.课程教育研究，2017（17）.

［7］牛媛媛．航海类专业应用型人才国际化培养模式构建［J］.管理观察，2015（28）.

［8］王丹，井燕．STCW78/10公约背景下对航海技术专业应用型人才培养模式改革的探讨［J］.珠江水运，2015（38）.

［9］吴剑锋，艾万政．航海应用型人才的岗位适任能力培养［J］.水运管理，2017（6）.

［10］王丹，井燕．"大工程观"理念下的航海技术应用型人才培养［J］．航海教育研究，2017（4）．

［11］孙跃作．应用型人才培养体系建构研究［M］．武汉：华中科学技术大学出版社，2021．

［12］李光正．航海类专业导论［M］．大连：大连海事大学出版社，2015．

［13］全国航海类专业毕业生就业工作协作组．航海类专业学生职业生涯规划与就业指导［M］．大连：大连海事大学出版社，2011．